徐興無 注譯
侯迺慧 校閱

新譯金剛經

三民書局

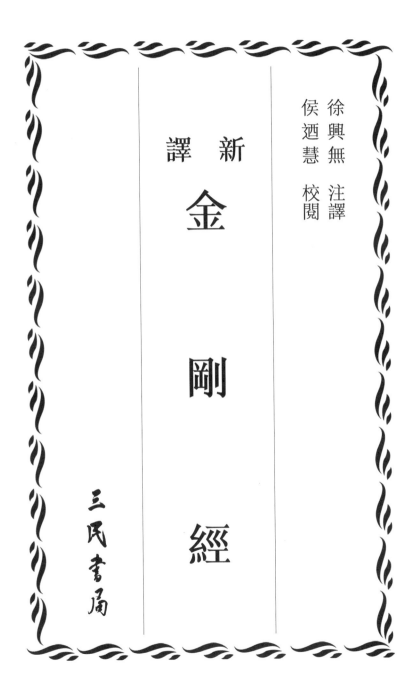

國家圖書館出版品預行編目資料

新譯金剛經／徐興無注譯;侯迺慧校閱.——二版十一刷.——臺北市：三民，2023
面；　公分.——(古籍今注新譯叢書)

ISBN 978-957-14-2529-0（平裝）
1.般若部

221.44

古籍今注新譯叢書

新譯金剛經

注譯者　徐興無
校閱者　侯迺慧

發行人　劉振強
出版者　三民書局股份有限公司
地　址　臺北市復興北路 386 號 (復北門市)
　　　　臺北市重慶南路一段 61 號 (重南門市)
電　話　(02)25006600
網　址　三民網路書店 https://www.sanmin.com.tw

出版日期　初版一刷 1997 年 1 月
　　　　　初版五刷 2006 年 1 月
　　　　　二版一刷 2007 年 1 月
　　　　　二版十一刷 2023 年 1 月
書籍編號　S031370
ISBN　978-957-14-2529-0

三民書局

刊印古籍今注新譯叢書緣起

劉振強

人類歷史發展，每至偏執一端，往而不返的關頭，總有一股新興的反本運動繼起，要求回顧過往的源頭，從中汲取新生的創造力量。孔子所謂的述而不作，溫故知新，以及西方文藝復興所強調的再生精神，都體現了創造源頭這股日新不竭的力量。古典之所以重要，古籍之所以不可不讀，正在這層尋本與啟示的意義上。處於現代世界而倡言讀古書，並不是迷信傳統，更不是故步自封；而是當我們愈懂得聆聽來自根源的聲音，我們就愈懂得如何向歷史追問，也就愈能夠清醒正對當世的苦厄。要擴大心量，冥契古今心靈，會通宇宙精神，不能不由學會讀古書這一層根本的工夫做起。

基於這樣的想法，本局自草創以來，即懷著注譯傳統重要典籍的理想，由第一部的四書做起，希望藉由文字障礙的掃除，幫助有心的讀者，打開禁錮於古老話語中的豐沛寶藏。我們工作的原則是「兼取諸家，直注明解」。一方面熔鑄眾說，擇善而從；一方面也力求明白可喻，達到學術普及化的要求。叢書自陸續出刊以來，頗受各界的喜愛，使我們得到很大的鼓勵，也有信心繼續推廣這項工作。隨著海峽兩岸的交流，我們注譯的成員，也由臺灣各大學的教授，擴及大陸各有專長的學者。陣容的充實，使我們有更多的資源，整理更多樣化的古籍。兼採經、史、子、集四部的要典，重拾對通才器識的重視，將是我們進一步工作的目標。

古籍的注譯，固然是一件繁難的工作，但其實也只是整個工作的開端而已，最後的完成與意義的賦予，全賴讀者的閱讀與自得自證。我們期望這項工作能有助於為世界文化的未來匯流，注入一股源頭活水；也希望各界博雅君子不吝指正，讓我們的步伐能夠更堅穩地走下去。

新譯金剛經 目次

附錄

導讀

一、《金剛經》與大乘佛教

佛教的創始人釋迦牟尼（約西元前五六五年至前四八六年）自三十五歲在菩提樹下成佛（大覺大悟、覺行圓滿並且自覺而又覺他者）之後，向大眾演說自己所體證的佛法真理達四十五年之久。同時，他又為自己開創並領導的宗教團體規定了基本的生活與修行戒律。在他逝世之後不久，他的弟子摩訶迦葉在古印度王舍城外的七葉窟主持了有五百名佛弟子參加的集會，由阿難背誦出佛所說過的教義，由優婆離背誦出佛所說過的戒律，經過大家的鑒定和認可之後，形成了佛法中「經」、「律」兩部分文獻，史稱「第一次結集」。從此便有了用文字表達的佛法——佛經。

值得我們注意的是：佛經的寫定並不意味著佛教教義的總結和佛教內部思想的統一，更不意味著釋迦牟尼的思想和智慧已被完全表達和解釋；相反，這第一次結集開啟了佛教的分化與演進，引發了以後的三次結集和更多的佛經出現。由於佛教在釋迦牟尼逝世之後向著更加廣大的地域和社會階層之中傳播，僧侶們必須適應不同的社會生活；加之社會政治和文化的發展對佛教提出了新的時代要求，佛教內部在戒律、教義以及對佛的認識等方面產生了分歧與爭論，即便是在第一次結集之際，釋迦牟尼的弟子富樓那就已經提出了異議，而摩訶迦葉手下的部分僧侶甚至在七葉窟附近的地方另行結集。

釋迦牟尼逝世一百多年以後，佛教趨向分裂，結束了由釋迦牟尼開創而由他的弟子們繼承的被稱作「和合一味」的原始佛教時代，進入了部派佛教時代。這時，七百位德高望重的上座長老舉行了結集，重新審定了經、律；而他們的反對者、上萬名的僧侶們同時舉行了結集，以他們的立場審定經、律，佛教史上稱之為「第二次結集」，從此，佛教教團分裂成上座部和大眾部。

上座部是正統而保守的教派，它主張嚴格遵守原始的戒律；視釋迦牟尼為人間的先知先覺；以接近佛果的阿羅漢果作為個人修行的目標；偏重於以世界為「有」，即認為精神與物質現象是實在的。而大眾部則是一個變化而創新的教派，它主張放寬戒律，修改或重新制定佛經的文本；視釋迦牟尼為「超人間佛陀」和「梵天」（古印度婆羅門教的大神）；偏重於以世界為「空」，即認為精神與物質現象是虛空的。大眾部形成之後，漸漸構建出自己的經典系統：「大結集」或「大眾部結集」。其中包括了「經」（佛所說教義）、「律」（佛所定戒律）、「論」（佛弟子和信徒們對經、律的注解和闡發），總稱「三藏」。此後，大眾部本身也發生了分裂，先後出現了八部。大約在釋迦牟尼逝世二百三十多年以後，由於古印度摩揭陀國孔雀王朝國王阿育王對佛教的信奉與支持，上座部在華氏城舉行了上千名僧侶參加的集會，誦出了全部的經典，並驅逐了十一個教派，史稱「第三次結集」，這標誌著上座部也開始了分化。大約在西元二世紀左右，貴霜王朝國王迦膩色迦王支持上座部的尊者們，在迦濕彌羅（今克什米爾地區）舉行了第四次結集，系統地整理了佛教學說，將三藏的注疏寫成了定本。至西元六世紀時，上座、大眾二部先後共分裂出了二十個部派。

就在部派佛教不斷分裂的過程中，一個新的佛教運動於西元一世紀前後發源於南印度，並向北印度傳播。大乘，又稱菩薩乘。因為大乘佛教視部派佛教甚至佛弟子們證成的阿羅漢果，是追求個人的解脫，不能度載眾生到達涅槃的境界，故貶其為「小乘」，即小的運載工具或者修道途徑。大乘佛教以佛為最崇高的人格神；以成佛和度脫一切無量眾生為目標；以不離世間的宗教修行求得解脫；以主、客二體俱為虛空。儘管大乘佛教受到了部派佛教的指責，但它的出現給印度佛教帶來了第二次也是最具有革命性的發展。當然，大乘佛教的思想，與部派佛教有著較深的淵源。大眾部中的「空」的理論，對早期大乘思想以及西元三世紀由龍樹、提婆創立的空宗（中觀學派）思想有著直接而深刻的影響；而上座部中的經量部，在受到大乘佛教影響之後，發展了「心法緣境」和「自證」學說，啟發並融入了西元四世紀由世親、無著創立的、繼空宗而起的有宗（瑜伽行學派）思想。從西元一世紀至七世紀，大乘佛教與小乘佛教並行，而大乘佛教占主導地位。

伴隨著大乘佛教的興起與發展，大乘教徒按照大乘教義對釋迦牟尼的言論作了回憶、轉述，甚至杜撰、偽造，於是，大乘經典相繼湧現。大乘教徒對這些經典在釋迦牟尼去世五百年後突然出現的解釋是：這些經典都出自佛的親口宣講，但由於佛的弟子以及後來的部派教徒們智慧淺薄、修行不深，故而佛不託付他們傳授這些經典，而將經典保存於龍宮和諸天，當大乘興起，合格的教徒出現了，佛便讓大乘經典流行人間。大乘經典種類繁多，卷帙龐大，重要的有《般若》、《寶積》、《華嚴》、《法華》、《維摩詰》等經，其中《般若》為初出的大乘經典，它實際上是般若類經典的泛稱。漢文大藏經般若部約有七十七部、八百七十七卷般若類經典，其中的《大般若經》六百卷，經唐玄奘的編譯，分為十六會。《金剛經》一卷，是其中的第九會。《金剛經》中通過釋迦牟尼之口，暗示《金剛經》將流行於佛滅度後五百年，則正當西元一世紀左右，為大乘教興起之際。因此，大乘佛教的興起，以及印度佛教典籍的形成方式，是我們所理解的《金剛經》的時代背景。

二、《金剛經》的漢譯

隨著佛教傳入中國，西域的譯經師們陸續將大乘經典譯成漢文。此後，從印度和西域向中國傳法的高僧以及去西方求法的中國僧侶也從事了佛經的翻譯工作。現存《金剛經》的譯本，按時間順序排列，先後有六種：

(1)《金剛般若波羅蜜經》，一卷，姚秦天竺三藏鳩摩羅什譯。

(2)《金剛般若波羅蜜經》，一卷，元魏天竺三藏菩提留支譯於永平二年（西元五〇九年）。

(3)《金剛般若波羅蜜經》，一卷，陳天竺三藏真諦譯於壬午年間（西元五六二年）。

(4)《金剛能斷般若波羅蜜經》，一卷，隋南印度三藏達摩笈多譯於開皇十年（西元五九〇年）。

(5)《能斷金剛般若波羅蜜多經》，一卷，唐三藏玄奘譯於貞觀二十二年（西元六四八年）。此卷編入《大般若經》卷五七七，為第九會《能斷金剛分》。

(6)《能斷金剛般若波羅蜜多經》，一卷，唐三藏義淨譯於長安三年（西元七〇三年）。

這六種譯本中，前四種出自外來僧人之手，後兩種出自中國本土僧人之手。所謂「天竺」，是古代中國對古印度乃至中國西域地區的稱呼。譯者法號前的「三藏」，原指佛教典籍中的「經」、「律」、「論」，現在成了法師們精通佛法，修行圓滿又堪為他人導師的褒稱。之所以出現不同的譯本，主要由於兩個原因：其一，任何翻譯都是一種誤讀，佛經的漢譯，一開始就出現了直譯與意譯的分歧。相對而言比較忠實於原本的直譯，往往語句艱澀，難以理解；而加入了譯者主觀詮釋的意譯，又往往改變了原本的面貌。就《金剛經》的傑出譯本來看，羅什的譯本重意譯而文句通順，玄奘的譯本則偏重直譯而貼近原意。如羅什譯本中，須菩提對佛說：「世尊，善男子、善女人發阿耨多羅三藐三菩提心，應云何住？云何降伏其心？」而玄奘譯本則作：「世尊，諸有發趣菩薩乘者，應云何住？云何修行？云何攝伏其心？」可能鳩摩羅什認為：精神的境界「住」與實踐的行為「修行」，是合而為一，體用一致的，故不譯「云何修行」這層意思，使得句意簡鍊，然而對照梵文本的《金剛經》，則玄奘的譯文最為準確。因此，後人的重譯，往往因為不滿於前人的翻譯。

其二，任何翻譯都是一種詮釋，不同的宗派，有著不同的經文誦本和譯本、寫本，因為同樣一部經典，在不同的宗派或同一宗派的不同發展時期，均有不同的詮釋。印度大乘佛教的空宗和有宗，均對《大般若經》作出了論述，翻譯者往往會根據自己所在宗派的思想，對經文進行詮釋性的意譯，而中國佛教的不同宗派，也會選擇與自家思想契合的譯本作為傳誦的文本。一般說來，《金剛經》的六種譯本中，羅什的譯本是大乘空宗的誦本，其餘五種則是大乘有宗的誦本。由於中國佛教宗派中，承繼和發展大乘空宗學說的居主要地位，更因為羅什的譯本優美流暢，富有理趣和文學意味，故而羅什的譯本成了漢文《金剛經》的通行本。本書注譯所據羅什譯本為《中華大藏經》刊本，底本為麗藏本。

在中國佛經翻譯史上，姚秦（又稱後秦，十六國時期羌族首領姚興創立的政權，從西元三八四年至四一七年）天竺三藏鳩摩羅什、南朝天竺三藏真諦（西元四九九年至五六九年）、唐三藏玄奘（西元六〇〇年至六六四年）和唐三藏義淨（西元六三五年至七一三年）被譽為四大譯經家。鳩摩羅什，簡稱「羅什」，意譯為「童壽」，生於西元三四三年，卒於西元四一三年（據湯用彤〈讀梁慧皎「高僧傳」札記〉）。他出生在龜茲國（今新疆庫車）。自姚秦弘始三年（西元四〇一年）進入長安，直到弘始十五年病卒之間，羅什與弟子僧肇、僧叡等人譯經七十四部、三百八十四卷（據《開元釋教錄》），在譯經的數量和質量上，均開闢了中國佛經翻譯史上的新紀元。他兼通梵、漢文，譯經時注重音義的準確圓通，主張意譯，要求譯本的文字簡鍊、流暢並且富有文采。他說：「胡音失者，正之以天竺；秦名謬者，定之以字義；不可變者，即而書之。」（僧叡〈大品經序〉）又說：「天竺國俗，甚重文製……改梵為秦，失其藻蔚，雖得大意，殊隔文體，有似嚼飯與人，非徒失味，乃令嘔穢也。」（梁慧皎《高僧傳》卷二〈晉長安鳩摩羅什〉）故而他主張：「陶練覆疏，務存論旨，使質而不野，簡而必詣。」（〈百論序〉）羅什所譯《中論》、《百論》、《十二門論》、《大智度論》等，系統地傳播了大乘中觀學派的學說；所譯《金剛經》、《法華經》、《阿彌陀經》、《維摩詰經》等，對中國的大乘教派以及佛教之外的哲學、文學、藝術等領域產生了廣泛而深遠的影響。

三、《金剛經》的題意、結構和主旨

《金剛般若波羅蜜經》的名稱，據《金剛經》中的記載，出自釋迦牟尼之口：「佛告須菩提：『是經名為《金剛般若波羅蜜》，以是名字，汝當奉持。』」作為大乘般若類的經典，其名稱中的「般若」一詞的涵義相當豐富和抽象，被認為是大乘佛教理論的核心範疇之一。按通俗的譯法，「般若」可與「智慧」一詞相當，但般若絕不等同於一般意義上的智慧，它往往被尊稱為「摩訶般若」（大智慧）或者「妙智妙慧」。在佛教看來，世俗凡夫的智慧不過是輕薄的小聰明或者是愚妄，因為這種智慧屬於經驗的世界，是在一定的時間和空間中呈現出的認識境界。這個經驗世界的時空並非實有，故而在此世界中呈現的和認知的一切現象也非實有，而是幻象，這種認知是有限的、有條件的，用《金剛經》的話說，就是「住」（執著），它畢竟不是對世界的全面把握，是虛妄的見識。而般若則是超越了經驗世界的認識境界，它的認識對象是「空」、是「實相」，而這兩個詞又僅僅是姑且被假借來指代形而上的世界本體的符號罷了，因為根本不存在一個叫做「空」或「實相」的東西，一切存在的本體或者自性是而且只能是「無」。從這個角度出發，大乘般若學稱般若為「實相般若」。般若本身，是一種能夠照徹本體的認識境界，這種境界是本體的外在呈現，是修大乘行的人們體證實相本體時所達到的修行境界，從這個角度出發，大乘般若學稱般若為「觀照般若」或「境界般若」。般若是如此的形而上，因此一切符號都無法徹底表達般若，甚至一旦用了符號來表達，就將般若的形而上意義破壞了，故而從根本上說，般若是只可意會不可言傳的，用禪宗的話說，就是：「如人飲水，冷暖自知。」但為了開悟迷妄的眾生，使他們見性成佛，必須借助一定的符號作為接引眾生的工具，要用語言演說佛法，用文字傳播佛法，用美術、音樂展現佛法。因此，要修習般若，就必須有體證般若的途徑，從這個角度出發，大乘般若學將般若經典等般若的符號載體稱為「方便般若」或「文字般若」。如《大般若經》卷四七八〈實說品〉中佛所說的那樣：「我當發起一妙音聲，遍滿十方無邊世界，隨諸有情心心所法勝解差別（眾生所知的境界），為說種種微妙法門，令獲利多。」由於上述深廣的涵義，般若一詞被譯經家列入「不翻」之例，直接音譯為「般若」。

「波羅蜜」一詞，梵文音譯又作「波羅蜜多」，意為「度」或「到彼岸」。佛教認為生死為此岸，一切眾生由於愚妄而造業，因而不能擺脫生死輪迴。而在證悟般若之後，就超脫了這種輪迴，度脫了煩惱的苦海，到達了不生不死的涅槃彼岸。佛教中將度脫眾生的一切修行和願力如布施、戒、忍、精進、般若等等都稱為波羅蜜，故有「十波羅蜜」、「六波羅蜜」之說，《華嚴經・十地品》說波羅蜜：「譬如船師，常以大船於河流中，不依此岸，不著彼岸，不住中流而度眾生，無有休息。菩薩摩訶薩亦復如是，以波羅蜜船於生死流中，不依此岸，不著彼岸，不住中流而度眾生，無有休息。」而在所有的波羅蜜之中，又以般若波羅蜜為根本的波羅蜜，即以大智慧將眾生從生死此岸度至涅槃彼岸。禪宗六祖慧能讚美「般若波羅蜜」說：「摩訶般若波羅蜜，最尊、最上、第一、無住、無去、無來，三世諸佛從中出，將大智慧到彼岸，打破五陰煩惱塵勞，最尊、最上、第一。讚最上乘法，修行定成佛。」（《壇經》第二十六節）

「金剛」，指金剛石，梵文音譯「嚩日囉」、「跋折羅」。在這裡，金剛是般若的形容詞，即以金剛的堅固不壞之體，比喻般若的永恒與真實；以金剛的尖銳鋒利之用，比喻般若對一切愚妄迷惑的摧破能力。不過，這只是稟承了中觀學說的羅什譯本的理解。而稟承了瑜伽行學說的玄奘譯本，則將金剛理解成像金剛石一樣難以斷除的無盡煩惱，故將般若視為能切斷金剛石的銳利無比的大智慧，譯成《能斷金剛般若波羅蜜多經》。如果按照羅什譯本的題目：《金剛般若波羅蜜經》，則其題意為：憑藉金剛一般堅固鋒利的大智慧到達涅槃彼岸。

梁代的昭明太子蕭統，曾將《金剛經》分為三十二品，但佛經有著通行的分段方法，一般說來，佛經的結構由序分、正宗分和流通分三大部分組成。序分包括佛說經的時間、地點、對象和原由等內容。正宗分包括了經文的主體。流通分包括了聽眾和後世的眾生對佛所說法的信奉。佛經本來不分段落，這種三分佛經文本的方法叫作「科判」，由東晉高僧道安發明，後來印度瑜伽行派高僧親光撰寫的經論傳到中國，他也將《佛地經》分為「教起因緣」、「聖教廣說」、「依教奉行」三部分，與道安的分法不謀而合，故而佛教將道安的分法稱為「彌天（道安的別號）高判，今古同遵」。《金剛經》中，自首句「如是我聞」至「洗足已，敷座而坐」為〈序分〉；自「時長老須菩提在大眾中」至「一切有為法，如夢幻泡影，如露亦如電，應作如是觀」為〈正宗分〉；自「佛說是經已」至「皆大歡喜，信受奉行」為〈流通分〉。

《金剛經》的主旨，就是佛對須菩提長老所提出的問題的回答。須菩提問釋迦牟尼：「世尊，善男子、善女人發阿耨多羅三藐三菩提心，應云何住？云何降伏其心？」這裡的「住」，有「存在」、「住留」之意，須菩提在問：如果世間有善男子和善女子發願修習菩薩乘，追求無上正等正覺，他應當以何種方式存在？他的精神境界又是什麼樣子？

佛的回答是：「菩薩於法應無所住，行於布施。」即菩薩的存在方式就是徹底、完全地對一切呈現出來的現象毫無執著，因而無條件地救度眾生。佛又回答：「所有一切眾生之類：若卵生、若胎生、若濕生、若化生、若有色、若無色、若有想、若無想、若非有想非無想，我皆令入無餘涅槃而滅度之。如是滅度無量無數無邊眾生，實無眾生得滅度者。何以故？須菩提，若菩薩有我相、人相、眾生相、壽者相，即非菩薩。」由此觀之，菩薩的精神境界是一種超越了外在相狀、超越了人我界限、超越了計較救度效果的大悲大愍和大智大勇。菩薩乘以獻身真理和無條件地救度眾生作為自我解脫的先決條件，同時，菩薩乘的修習者也只有通過無條件布施這條唯一的途徑來體證菩薩的精神境界。整個《金剛經》都圍繞著這個主題展開對話，體現了大乘佛教興起時的思想特徵。

四、《金剛經》的流傳及影響

《金剛經》是中國僧眾傳誦最為廣泛的大乘經典之一，隋唐以降，中國佛教的重要宗派如三論宗、天台宗、唯識宗、禪宗等，都把它當成主要的習誦典籍。三論宗的開創者、隋代高僧吉藏著有《金剛經義疏》四卷；天台宗的開創者、陳隋之際的高僧智顗著有《金剛經疏》一卷；唯識宗的開創者之一、唐代高僧窺基著有《金剛經讚述》二卷。禪宗自達摩祖師起，就以《金剛經》作為本宗印心證道的基本典籍，六祖慧能由一個不識字的凡夫，聞人誦《金剛經》「應無所住而生其心」一句，當下頓悟（見《五燈會元》卷一），《六祖壇經》正是他在韶州大梵寺中演說《金剛經》的記錄。《金剛經》還受到帝王和政府的重視，唐玄宗（西元七一二年至七五六年在位）時，《金剛經》和《孝經》、《道德經》一起被御定為佛、儒、道三教的代表典籍，御注頒行天下。北宋時期，政府以《金剛經》作為出家人考試的科目。明成祖朱棣（西元一四〇二年至一四二四年在位）也撰寫過《金剛經集注》。此外，《金剛經》中的般若思想，以及羅什譯本的精確流暢、獨具風韻的文字，對唐宋以降中國古典哲學的思維方式以及古典文學的風格，也產生了一定的影響。

《金剛經》之所以能夠被廣泛傳誦並且產生如此深遠的影響，其原因在於：

第一，內容精鍊，譯文流暢，易於記誦流傳。《金剛經》全文約五千四百多字，如此簡鍊的文字，受到大多數追求簡潔的思想形式、重視頓悟和實踐的中國大乘宗派的歡迎，特別是主張「不立文字」的禪宗的歡迎。佛教的經典系統浩繁龐大，但和任何宗教一樣，佛教也需要短小精鍊，易於攜帶、宣傳和記誦的經典，《金剛經》自然承當了這個角色。

第二，《金剛經》既是大乘般若學說的入門途徑，又是般若學說的最深堂奧。就前者說，它基本上囊括了大乘般若學的概念和範疇；就後者說，它啟示了獲得大智慧、度脫生死此岸的最高境界，揭示了對世界本體的思考與體證。所以，《金剛經》有時被人們當作全部的佛法來奉持。六祖慧能說：「善知識！若欲入甚深法界，入般若三昧者，直修般若波羅蜜行，但持《金剛般若波羅蜜經》一卷，即得見性，入般若三昧。」（《壇經》第二十八節）

五、如何理解《金剛經》

理解《金剛經》的途徑之一，是把握它的思維方式。《金剛經》闡述般若思想的論證方式不是一步步肯定、證明和推斷，而是一次次地否定、消除和反思。《金剛經》中最常見的句式是所謂的「三句論法」，如「如來說世界，非世界，是名世界」。又有所謂的「無復我相、人相、眾生相、壽者相，無法相，亦無非法相」的句式，這些否定又否定的句式，我們可以稱其為「負」的思維方式，因為對於本體、世界、宇宙、大道、佛性之類具有無限性的存在來說，任何語言文字都只能以破壞對象的整體意義為代價，對其作出局部的限定，是一種「假名」。中國先秦時代的哲學著作《老子》第一章中也說：「道可道，非常道；名可名，非常名。」故而與其不斷地用語言文字來定義、論證這些對象是什麼，不如反過來說清楚這些對象不是什麼。這種「負」的方式，是東方哲學和智慧的一大特徵，極富啟發性和直接性。

理解《金剛經》的途徑之二，是在更加廣闊的社會文化背景之中和真實的生活之中分析和體會宗教語言的意義。這一點，大乘佛教本身就已經清楚地認識到了，它要求人們不拘泥於文字和理論，將一切文字看成工具而不是佛法，因此對文字採取不即不離的態度，關鍵在於借助文字開啟自性並外發為親身的實踐和體證。《金剛經》中，釋迦牟尼對弟子們說：「汝等比丘，知我說法，如筏喻者。」《仁王經》第四品中又說：「所有宣說音聲語言文字章句，一切皆如，無非實相。若取文字相者，即非實相。」「若菩薩不著文字，不離文字，無文字相非無文字，能如是修，不見修相，是名修文字者，能得般若其性，是為般若波羅密多。」儘管我們所處的時代與《金剛經》的產生和傳播的時代迥然不同，因而要從宗教史的角度分析它的思想，不再從純粹的宗教信仰的立場宣揚它的教義，但如果我們也能夠通過古代宗教經典的外在形式，體會到某些永恒的哲理和智慧，汲取到人類文明的精華，「得魚忘筌」，「得意忘言」，或許會如《金剛經》中釋迦牟尼所言：「是諸眾生得無量福德。」

禪宗史料《五燈會元》卷七中，有這樣的記載，耐人尋味，節錄如下，以結束本文。

鼎州德山宣鑒禪師，簡州周氏子，丱（音貫，年幼）歲出家，依年受具。精究律藏，於性相諸經，貫通旨趣。常講《金剛般若》，時謂之「周金剛」……後聞南方禪席頗盛，師氣不平……遂擔《青龍疏鈔》出蜀，至澧陽路上，見一婆子賣餅，因息肩買餅點心。婆指擔曰：「這箇是什麼文字？」師曰：「《青龍疏鈔》。」婆曰：「講何經？」師曰：「《金剛經》。」婆曰：「我有一問，你若答得，施與點心。若答不得，且別處去。《金剛經》道：『過去心不可得，現在心不可得，未來心不可得。』未審上座（按：對僧人的尊稱）點那個心？」師無語……師將疏鈔堆法堂前，舉火炬曰：「窮諸玄辯，若一毫置於太虛；竭世樞機，似一滴投於巨壑。」遂焚之。

徐興無

一九九六年十二月於南京大學南園

序分

【題解】

本文交代了佛說《金剛般若波羅蜜經》的時間、地點、講授對象和佛在開講之際的舉止儀容。許多佛經在描述佛說法的情景時，都要以放光、天雨花、地動等祥瑞現象增飾佛的崇高莊嚴與神異殊勝，而這兒的佛，卻是一位樸素的僧侶，舉止平常而儀容端莊。

如是我聞❶。

一時❷佛❸在舍衛國❹祇樹給孤獨園❺，與大比丘眾❻千二百五十人俱❼。

【章旨】

開頭以佛弟子阿難之言，證明本經確為佛所說。又交代了佛說法的地點和對象。

【注釋】

❶**如是我聞** 這部經文的內容，乃是我（阿難）在佛面前親身聞聽的。如是，如此；像這樣。是，指此部《金剛經》的內容。佛經的開頭，往往有此四字。《涅槃經》載釋迦牟尼臨近涅槃

之際，他的堂弟、十大弟子之一、被稱為「多聞第一」的阿難問道：「佛滅度之後，一切經首，初安何字?」釋迦牟尼曰：「初安『如是我聞』，次顯處所。」按照漢語的習慣，當作「我聞(我所親身聞聽的)如是(是像這樣的)」。羅什的譯文採用了倒裝的句式，頗有鄭重提醒，使人產生敬意的作用，又體現出了異域的語文風格。

❷**一時**　那時；佛說經之時。佛經中的時間和空間以及數字等概念往往不很確切，因為它們是宗教和哲學的抽象概念而不是具體的時空和數目。

❸**佛**　指釋迦牟尼，意為「大覺」、「覺悟者」。又稱「佛陀」。

❹**舍衛國**　古代中印度拘薩羅國首都，在今印度拉普地河南岸。梵文音譯尚有「室羅底伐」、「室羅伐」等。該國國王波斯匿是佛的弟子。釋迦牟尼自三十五歲開始說法，至八十歲涅槃，凡四十五年間，居此城和摩揭陀國的王舍城為最多。

❺**祇樹給孤獨園**　即「祇園精舍」或「給孤獨園」。佛在舍衛國居住和說法的場所。祇，指拘薩羅國王子祇陀。樹，指園中樹林，為祇陀所捐贈施捨，佛教又稱其為「法林」。給孤獨，指給孤獨長者。其人名須達多，常布施孤獨之人，故有此稱。他原本信奉外道，因在王舍城護彌長老家中聽佛說法，而當下皈依佛教，發願在舍衛城營造精舍，請佛前往居處。他選中王子祇陀的園林，然祇陀戲言須以黃金鋪滿園中之地為價購買。須達多依言而行，以金葉遍鋪園

中八十頃土地。祇陀為之感動，捐出園林，並與須達多共建精舍。

❻**大比丘眾**　佛的高足弟子們組成的高僧集團。比丘，即僧侶。梵語「乞士」的音譯。意為上乞法於佛，以悟見自性與智慧；下乞衣食於世人，為眾生廣種福田。大比丘，指比丘中道行深厚者，如菩薩、阿羅漢之類。佛教中又稱能夠去惡取善者為「小比丘」；能夠善惡同去者為「大比丘」。

❼**俱**　同處；在一起。

【語　譯】

以下所昭示的道理，乃是我親身受教於佛祖所得的。

那時，佛在舍衛國的祇樹給孤獨園中，與一千二百五十位大比丘們在一起。

爾時，世尊❶食時❷，著衣❸持鉢❹，入舍衛大城乞食。於其城中，次第乞已❺，還至本處。飯食訖❻，收衣鉢。洗足已❼，敷座而坐❽。

【章旨】

敘述佛說法前的舉止儀容，表現了極其平常的僧侶生活。暗示著偉大的佛法來自於真實樸素的生活，並沒有神祕的宗教外衣。

【注釋】

❶**世尊** 佛的尊號之一。梵文音譯作「薄伽梵」、「婆伽婆」，意即世間所尊。佛教分世間為「器世間（國土世間）」、「有情世間」以及「聖賢世間（佛國淨土）」，又分為「欲界」、「色界」、「無色界」三界。世尊之「世」，指所有的「世間」和「三界」。

❷**食時** 日中之時。佛教分一日為四時：早起、日中、日西、日暮。它們分別為天人、人類、異類和鬼神的吃飯之時。故而僧侶們日中而食，過午不食，只飲茶水等物。有些佛教宗派晚

上可以用餐，稱為「藥食」。

❸**著衣** 穿上衣服。佛教僧侶的衣服稱為「袈裟」或「法衣」。共分為「三衣」，即僧伽梨（大衣、祖衣、上品衣），於進出都市王宮、向大眾說法時穿著；鬱多羅僧（上衣、七衣、中品衣），於禮誦聽經時穿著；安陀會（內衣、五衣、下品衣），於作業安寢時穿著。印度天氣炎熱，佛在平常之時，便服袒露，至日中乞食之際，便穿上袈裟。乞食歸來，又將衣服脫下收起。

❹**鉢** 佛教僧侶乞食的器皿。梵文音譯作「鉢和羅」等。意為「應量器」、「應器」。僧人藉此鉢接受人們的供食並以此作為進食的標準。

❺**次第乞已** 挨家挨戶地乞討飯食之後。次第，按順序進行。佛教僧侶乞食之時，必須體現平等的精神，故而次第乞食，不越貧從富，不捨賤從貴。

❻**飯食訖** 吃完了飯。訖，完畢。

❼**洗足已** 洗完了腳。古印度人不穿鞋襪，赤足而行。故佛外出乞食回來，須清洗腳足。

❽**敷座而坐** 鋪設座位坐下。敷，排列；布設。坐，打坐。

【語　譯】

當時，世尊到了日中飲食之際，穿上袈裟，托持著飯鉢，進入舍衛大城去乞食。在城內挨門挨戶乞討完畢，回到園中。吃完飯，收拾起袈裟和飯鉢。又洗了腳，布設好座位，打起坐來。

正宗分一

【題解】

一般認為，《金剛經》的正宗分可劃分為兩大部分。第一部分從「時長老須菩提在大眾中」一句，至「須菩提，當知是經義不可思議，果報亦不可思議」一句。第二部分從「爾時，須菩提白佛言」一句，至「一切有為法，如夢幻泡影，如露亦如電，應作如是觀」一句。這兩大部分的開頭，都是須菩提向釋迦牟尼提出的同一個問題：「世尊，善男子、善女人發阿耨多羅三藐三菩提心，應云何住？云何降伏其心？」在第一大部分中，佛的回答重心在闡明如何體證般若道體，即離相無住。第二大部分中，佛的回答重心則是闡明體證般若之後，如何能夠不住相布施，滅度一切眾生。兩大部分組成了自覺而覺他，大智慧與大慈悲合一的菩薩乘的內涵。

本單元中，釋迦牟尼向須菩提和大眾們宣講了菩薩乘的世界觀，揭示了菩薩與大道合一，不執著於一切現象的超越而真實的精神境界。

時長老❶須菩提❷在大眾中，即從座起，偏袒右肩❸，右膝著地❹，合掌❺恭敬而白佛言：「希有世尊！如來❻善護念❼諸菩薩❽，善付囑❾諸菩薩。世尊，善男子、善女人❿發阿耨多羅三藐三菩提心⓫，應云何住⓬？云何降伏其心⓭？」

【章　旨】

長老須菩提向釋迦牟尼提出了問題，這個問題即是《金剛經》的主題：發願修習大乘佛教菩薩行的人，應該是什麼樣子？應該如何去做？

【注釋】

❶**長老**　年高德尊的僧人。

❷**須菩提**　拘薩羅國舍衛城的婆羅門，佛的十大弟子之一。因能悟解空理，物我俱忘，不起煩惱，故稱「解空第一」或「空生尊者」，亦有譯本作「善現」。

❸**偏袒右肩**　古印度表示敬意的禮儀。

❹**右膝著地**　單跪右腿，中國稱「胡跪」。佛教僧侶所行的莊重禮節。著，觸。

❺**合掌**　佛教中表示恭敬虔誠的禮節，行時雙手手心相向，十指兩兩相合，置於胸前，又稱「合十」。

❻**如來**　佛的尊號之一。梵語音譯作「多陀阿伽陀」。意為乘如實之道而來以成正覺。《金剛經》中，佛自言：「無所從來，亦無所去，故名如來。」

❼**善護念**　指佛善巧攝受眾生。即佛善於教化眾生，護衛眷念眾生。

❽**菩薩** 指覺悟的眾生。梵語音譯又作「菩提薩埵」。意即「大覺有情」或「覺有情」。「菩提」意為「覺悟」，「薩埵」意為「有情」。前者指得道覺悟者，後者指眾生。菩薩以佛為追求的目標，以眾生的度脫為自我度脫的先決條件。相對於追求自我解脫的小乘佛教而言，菩薩雖然已經覺悟，卻不斷絕度脫一切眾生的大悲心。菩薩與佛往往是互為因果的，《楞嚴經》卷六云：「自未得度，先度人者，菩薩發心。自覺已圓，能覺他者，如來應世。」菩薩又有「居家」和「出家」兩種。菩薩身有「生死肉身（未證法性，仍有惑業，受三界生死分段之身）」和「法性生身（得無生忍法，斷諸煩惱，離捨三界之身）」兩種。有時，菩薩也用為一切僧人和佛教信徒的稱呼。

❾**付囑** 委付囑託；開導度化。

❿**善男子善女人** 佛教對出家或居家的男女信徒的稱呼。

⓫**發阿耨多羅三藐三菩提心** 發起追求無上正等正覺的心願。阿，梵語意為「無」。耨多羅，梵語意為「上」。三，梵語意為「正」。藐，梵語意為「等」。菩提，梵語意為「覺」。又有譯本作「無上正遍覺」、「無上聖智」等。

⓬**應云何住** 即「應何住」之意。亦有刊本作「云何應住」。指發起了追求無上菩提的心願，修習菩薩乘的善男子、善女人，應當在什麼地方安身立命，找到自己的存在方式。住，停留；

存在；立身。

⓭**降伏其心**　制伏煩惱妄想之心。

【語譯】

此時，須菩提長老正在大比丘們當中，當即從座位上起身。他的右肩袒露出來，右膝著地，單腿而跪，合掌向佛行禮，恭恭敬敬地對佛陳述道：「世間少有的世尊啊！如來您善於護持眷念諸位菩薩，善於囑託教化諸位菩薩。世尊！如有善男子、善女人發起了追求阿耨多羅三藐三菩提這樣的無上正等正覺的心願，他們應當如何安身立命？又應當如何制伏煩惱和妄想？」

佛言：「善哉❶！善哉！須菩提！如汝所說，如來善護念諸菩薩，善付囑諸菩薩。汝今諦聽❷，當為汝說。善男子、善女人發阿耨多羅三藐三菩提心，應如是住❸，如是降伏其心。」

「唯然❹，世尊！願樂欲聞❺。」

【章旨】

佛接受了須菩提的發問，謹慎鄭重地重複了須菩提所問的內容，宣稱開始說法。須菩提聽了歡欣鼓舞。

【注釋】

❶**善哉** 梵語音譯作「娑度」。佛教中的讚歎之辭。

❷**諦聽** 認真聽取；仔細聆聽。諦，細致；仔細。

❸**應如是住** 應當像這樣安身立命。

❹**唯然** 是；好的。對師長囑託的領受之辭。羅什譯本可能依據了中國儒家經典《禮記・曲禮》中的說法：「父召無諾（應答之辭），先生召無諾，唯而起。」

❺願樂欲聞　很喜歡並且渴求聽取。願，希望。樂，喜愛；喜歡。欲，想要。

【語譯】

佛說：「善哉！善哉！須菩提啊！正如你所說的那樣，如來善於護持眷念諸位菩薩，善於囑託教化諸位菩薩。你現在仔仔細細地聽，我將向你闡述大法。善男子、善女人如果發起了追求阿耨多羅三藐三菩提的心願，應當依此大法而安身立命，應當依此大法而制伏煩惱與妄想。」

「好啊！世尊！我們非常歡喜並且渴望聆聽您的教誨。」

佛告須菩提：「諸菩薩摩訶薩❶，應如是降伏其心。所有一切眾生❷之類：若卵生❸、若胎生❹、若濕生❺、若化生❻，若有色❼、若無色❽，若有想❾、若無想❿、若非有想非無想⓫，我皆令入無餘涅槃⑫而滅度之⑬。如是滅度無量無數無邊眾生，實無眾生得滅度者⑭。何以故？須菩提，若菩薩有我相⑮、人相⑯、眾生相⑰、壽者相⑱，即非菩薩。

【章　旨】

佛概要地回答「云何降伏其心」這一問題。即以超越人我界限、毫不計較功德的菩薩心胸去救度一切眾生。如果在此過程中執著於相，則起妄念；計較得失，則生煩惱，因而背離了菩薩乘的精神。

【注　釋】

❶**摩訶薩**　「摩訶薩埵」的簡稱，又有譯本作「大有情」。即大菩薩。摩訶，梵語意為「大」。

❷**一切眾生**　一切有生命的東西，包含善惡凡聖。又有譯本作「有情」。

❸**卵生**　由卵孵化而出的生命形式，如禽類。

❹**胎生**　由母胎孕育而出的生命形式，如哺乳類。

❺**濕生**　由水及濕氣培育出生的生命形式，如魚類。

❻**化生**　由許多因素憑藉業力凝結、變化而自然出生的生命形式，如蝶蛹、蟬蛻及果實中的蛀蟲等。卵生、胎生、濕生、化生是佛教對眾生出生形態的劃分。

❼**有色**　指欲界與色界之中有色法（即有形象的、物質的）的眾生。如欲界的一切生命形式和色界的諸天。

❽**無色**　指無色界之中無色法（非物質的）的眾生。有色、無色是佛教對一切眾生有無物質顯現的劃分。

❾**有想**　無色界中有想天的眾生。想，心識。

❿**無想**　無色界中無想天的眾生。

⓫**非有想非無想**　無色界中非有想非無想天的眾生。有想、無想、非有想非無想是佛教對眾生有無或非有非無心識的劃分。佛教的宇宙構成論用一種立體的層次結構劃分世界，將世界劃分為佛國世界與世俗世界，又將世俗世界劃分為欲界、色界和無色界，即所謂的「三界」。欲

界是一切由各種欲望支配的生命形式的居所，由低到高分為：(1)地獄（佛教中的地獄很多，如「孤獨地獄」、「八寒地獄」、「八熱地獄」、「近邊地獄」等等。地獄在地下深處，亦在山澤曠野或世界的邊緣）；(2)鬼（在世間的山野墳地等處）；(3)畜牲（在地面及水中）；(4)阿修羅（在世界的中心須彌山及四周的輪圍山）；(5)人（在世界的「四大部洲」中的南贍部洲地面上）；(6)天（亦稱「天人」、「天眾」、「天部」、「諸天」。這個天不是空間概念，而是指高於人的居於上界的生命形式。其中欲界有六天，色界有四禪十七天，無色界有四天。欲界六天又稱「六欲天」，他們皆不能脫離食欲和色欲）。卵生、胎生、濕生、化生四種生命形式均屬欲界眾生。色界則在「六欲天」之上，有色眾生居處於其中，他們斷絕了粗俗的欲望，但仍不能擺脫物質的形式。色界的四禪十七天，包括了初禪三天、二禪三天、三禪三天、四禪八天。無色界則是脫離了物質形式的世界，其中的生命形式既無形體又無欲望。無色界在色界之上，又分為：(1)空無邊（無色）天；(2)識無邊（有想）天；(3)無所有（無想）天；(4)非想非非想（非有想非無想）天。前三天為無色眾生、有想眾生和無想眾生的居所，他們沒有了物質形式，但尚有心識或無心識。非想非非想天則是非有想非無想眾生的居所，他們寂靜不動，一切皆空，談不上有心識或無心識，也就是說，他們能夠超越心識。

⓬ **無餘涅槃** 佛教兩種涅槃之一，相對於「有餘涅槃」而言，又稱為「大涅槃」，即徹底的涅槃。

有餘涅槃指生死煩惱之因已經斷滅，但仍餘留了前世惑業造成的苦果（肉身）。無餘涅槃則指斷滅生死的因和果而無所餘留。佛教中往往以爐中有灰比喻有餘涅槃，而以爐中灰飛煙滅比喻無餘涅槃。大乘佛教和小乘佛教中，都有有餘涅槃和無餘涅槃的分別，但一般說來，將有餘涅槃歸之於求證阿羅漢果的小乘，將無餘涅槃歸之於追求佛果的大乘。《楞嚴經》卷四：「願如來不捨大悲，示我在會諸蒙暗者，捐舍小乘，畢獲如來無餘涅槃。」涅槃，梵語音譯又作「泥」、「泥洹」等。意為超脫輪迴，出離死生之地。又有譯本作「無為」、「滅度」、「寂滅」、「解脫」和「圓寂」。《大乘義章》一八：「滅煩惱故、滅生死故，名之為滅。離眾生故、大寂靜故，名之為滅。」《華嚴大疏鈔》五二：「義充法界，德備塵沙曰圓；體窮真性，妙絕相累為寂。」

⑬ **滅度之**　使一切眾生滅生死煩惱，度脫生死此岸，達到涅槃。滅，除滅。度，化度。之，指一切眾生。

⑭ **實無眾生得滅度者**　這句話的回答，即下文中的「若菩薩有我相、人相、眾生相、壽者相，即非菩薩」。釋迦牟尼的回答，是從修習菩薩乘的主體角度出發的，即佛和菩薩滅度眾生是絕對無條件的，不計較回報的，所以滅度了一切眾生而不覺得有一個眾生為自己所度。此外，大乘佛教認為，一切眾生本來是佛，皆因業緣而呈現出眾生相（善業為招致樂果的因緣，惡

業為招致苦果的因緣。《維摩詰經・方便品》：「是身如影，從業緣生。」又《菩薩處胎經》七曰：「善惡之報，如影隨形。」），故而佛只不過使一切眾生開悟，滅度其心中的愚癡、妄見、煩惱，使其明見自性（即本來就具備的佛性），涅槃成佛。禪宗六祖慧能對大眾說法時曰：「善知識！『眾生無邊誓願度』，不是慧能度，善知識！心中眾生，各於自身自性自度。」（《壇經》第二十一節）從這一角度看，「實無眾生得滅度」的思想，一則體現了大乘佛教提倡的人人皆有佛性的平等人性論；二則體現了大乘佛教不依靠外力，「自性自度」，「是名真度」（《壇經》第二十一節）的人本主義精神。

⑮**我相** 自我的觀念。「四相」之一。相，相狀；觀念。又有譯本作「想」，指思想和認識。佛教認為這是沒有實在的自性而被世人所執著的觀念，因此也可以將「相」理解為妄想和愚見。佛教為了破除「我執（對實我的執著）」的妄想，建立「無我」之說，因而用「五蘊」的學說分析人生的現象，認為：人和萬事萬物皆由色（物質現象）、受（感受）、想（觀念活動）、行（心理和意志活動）、識（對所感覺的對象的覺了與分別作用）這「五蘊（聚合）」暫時和合而成，構成了人我有別的現象。大乘佛教不僅否定人我（五蘊的和合體）的真實性，而且否定了五蘊本身的真實性，從而徹底破除了對實我的執著。按照五蘊和合的法則，如果認為在一切現象之中有自我和主宰存在，就是「我相」；相對於「我相」，如果認為在一切現象之中

有相對於自我和主宰的他人和對象存在，就是「人相」；如果認為在一切現象之中有相對於自我、他人、主宰、對象的一切人或非人存在，認為「我」依五蘊而有而生，就是「眾生相」；如果認為在一切現象中有「我」的一期壽命存在，就是「壽者相」。從通俗說法的角度，佛教又將「四相」歸結為貪、嗔、癡、愛四惡業。貪就是為自我打算，屬於「我相」；嗔就是分別你我，屬於「人相」；癡就是傲慢不遜，屬於「眾生相」；愛就是希圖長壽，屬於「壽者相」。

⑯**人相**　他人的觀念。「四相」之一。詳見⑮。

⑰**眾生相**　一切眾生的觀念。「四相」之一。詳見⑮。

⑱**壽者相**　壽命的觀念。「四相」之一。詳見⑮。

【語　譯】

佛告誡須菩提說：「諸位菩薩、大菩薩們，應當像這樣制伏煩惱與妄想。所有一切眾生，諸如由卵孵化的生命、由母胎孕育的生命、由水及濕氣培育的生命、由諸多因素憑藉業力凝結變化出的生命；又如有形質的生命、無形質的生命；再如有心識的生命、無心識的生命、既談不上有心識也談不上無心識的生命，我都使他們進入徹底的無餘涅槃，滅其煩惱，度脫苦海。像這樣滅度了不可思量、不可數盡、無邊無際的眾生，其實並沒有任何眾生得到滅度。這是什麼原因呢？須菩提！如果菩薩持有自我觀念的我相、分別人我的人相、分別我人與其他眾生的眾生相以及希圖永恒的壽者相，那就不是菩薩了。

「復次❶，須菩提，菩薩於法應無所住❷，行於布施❸。所謂不住色布施❹，不住聲、香、味、觸、法布施❺。須菩提，菩薩應如是布施，不住於相❻。何以故？若菩薩不住相布施，其福德❼不可思量❽。須菩提，於意云何❾？東方虛空❿可思量不？」

「不也，世尊！」

「須菩提，南西北方，四維⓫上下，虛空可思量不？」

「不也，世尊！」

「須菩提，菩薩無住相布施，福德亦復如是不可思量。須菩提，

菩薩但應如所教住⓬。

【章旨】

佛概要地回答「應云何住」這一問題。即菩薩以無條件布施作為安身立命的唯一方式，因為菩薩的布施是基於不執著於一切現象之上的，人法俱空。因此對菩薩來說，布施已失去了對象，本身就是目的，菩薩由此進入般若境界，獲得最大的福德。

【注釋】

❶**復次**　其次；再說；另一方面。

❷**於法應無所住**　對於一切有為法應當無所執著。法，在佛教中的涵義甚多，這裡指一切有為法，即一切存在的現象，包括了物質和精神的現象。佛教認為：一切有為法都是暫時的假相，稱之為「一切空有之法」。《金剛經》：「一切有為法，如夢幻泡影。」因此不應當滯留於其中。住，執著。

❸**布施**　梵語音譯作「檀那」，意為以福利施於他人。一般分為財施（以財物接濟別人）、法施（以說法度脫別人）、無畏施（以無畏施於別人，拯救別人於苦難之中，使無怖畏）。布，普遍。施，散給。

❹**不住色布施**　不執著於色法而布施。色，色法；物質現象。色法有質礙和示現兩義，因為物質現象有形質外現而互為障礙。色又分為內色和外色，內色為眼、耳、鼻、舌、身五根，外色為色、聲、香、味、觸五境。不住色布施即不抱持世俗之中物質、利害等觀念而進行布施。這一句話當與下句「不住聲、香、味、觸、法布施」聯繫起來看。這裡的「色」既是對色、

聲、香、味、觸、法六種因素的概括，本身又包含了其中「色」的因素，所以「不住色布施」單獨為一句話，而下句中略去了「色」這一因素。

❺**不住聲句**　佛教的認識論認為：認識的主體為「六根」，又稱為「內六處」，即眼、耳、鼻、舌、身、意。它們感受的對象分別為色、聲、香、味、觸、法，稱為「六境」或「外六處」。內外相合為「十二處」。「六根」在感受到「六境」之後，產生了眼識、耳識、鼻識、舌識、身識、意識六種認識，稱為「六識」。「六識」與「十二處」合稱「十八界」。「六境」之中，色為形色，聲為音聲，香為氣味，味為味道，觸為質地、冷暖、乾濕、輕重、飢渴等身體感受，法為意識的認識境界。法的範圍較為廣泛，包含了前五境之外的一切事物和對象。從布施的目的來看，佛教認為世俗中的布施，是一種消費的概念，即追求果報和計較功利，是為了進一步滿足對色、聲、香、味、觸、法的欲求。這些布施，至多可稱為「功德」；而佛教，特別是大乘佛教的布施，其目的是追求無上勝智，稱為「福德」或「慧業」，因而擺脫了色法。從布施行為本身來看，「不住色布施」使得布施擺脫了「空相（假相）」而依據了「法界」和「實相」（本體）。本體是一個思辨的概念，它是一切的根據，既不可以用「無」來概括它，又不可以用「有」來概括它。所以，基於「實相」的布施行為，既是無所布施，又是無所不布施。基於「法界」之中的布施，既不執著於「有」來布施，又不執著於「無」來布施，因

此是平等的布施，是脫離了給予和施捨意義的布施。

❻不住於相　不執著於色相而布施。相，外物的相狀及內心的觀念與形象。這一句與「不住色布施」義近，但側重闡明布施的過程及方式。佛教認為：不住相布施又叫做「三輪體空」。所謂「三輪」，指施者、受者、施捨之物。三輪體空，即指布施之時，沒有布施之心，不分別受施之人，不見布施之物。

❼福德　指超過了天人大福報的無限福德。天人大福報為住相布施的回報極限，期數一盡，仍入輪迴。後者為不住相布施的結果，能離生死苦，受大快樂，歷千劫而不壞。福德與智慧，在佛教中被看成菩薩身上具備的兩種莊嚴（修養和風度）。有時福德也泛指一切善行的福報。

❽思量　用思維來量度。佛教認為在「六識」之外，還有第七識「末那識」和第八識「阿賴耶識」，思量屬於「末那識」。

❾於意云何　在你的想法中如何看待？你認為怎麼樣？

❿虛空　佛教中又稱為「無」。虛，無形質。空，無障礙。虛空是佛教六大無為法之一。相對於物質現象的「空」，虛空是非物質的現象，也就是說，「空」就是色，「虛空」則不是色。

⓫四維　指東北、東南、西南、西北四個方位。與東、南、西、北、上、下合稱為「十方」。

⓬但應如所教住　只應當按照所教誨的那樣住留。住，指無所住而住（不住於色，不住於相，

安住於法界實相）。

【語　譯】

「其次，須菩提，菩薩對於一切有為法，一切顯露出來的事物相狀，應當無所執著，以這種態度實行布施。這就是所說的不執著於物質的表相（即色法）而實行布施，不執著於聲音、氣味、味道、觸覺和意識境界而實行布施。須菩提，菩薩應當像這樣布施，不執著於相狀，不執著於施者、受者和所施之物。為什麼呢？如果菩薩不執著於相狀而實行布施，他所具有的福德是不可以用思維來度量的。須菩提，你認為怎樣？東方的虛無空曠，可以用思維來度量嗎？」

「不可以，世尊！」

「須菩提，那麼南方、西方、北方以及四維上下的宇宙，其虛無和空曠，可以用思維來度量嗎？」

「不可以，世尊！」

「須菩提，菩薩不執著於相狀而實行布施，則他所具有的福德也像這樣不可以用思維來度量。須菩提，菩薩只應當依我所教誨的那樣住留其心。

「須菩提，於意云何？可以身相❶見❷如來不？」

「不也，世尊！不可以身相得見如來。何以故❸？如來所說身相，即非身相。」

佛告須菩提：「凡所有相，皆是虛妄❹。若見諸相非相❺，則見如來。」

【章旨】

釋迦牟尼對須菩提深入闡述離相無住和體證般若的層次與境界。本章先從如何脫離表相來把握如來的法身真相入手。

【注釋】

❶**身相**　身體的相狀。指佛的相貌。佛教認為，佛有三十二相，皆為神奇妙好之相。又認為佛有生相（出生時的祥瑞之相）、住相（在人世度化眾生之相）、滅相（圓寂之相）。總之，這些都是佛的外在表現，又稱「色身」。

❷**見**　看。這裡有「理解」、「認識」、「把握」之意。佛教術語中的「見」，梵語音譯為「捺喇捨囊」，意為思慮推求，詳審抉擇。《俱舍論》二三：「審慮名先，決擇名見。」

❸**何以故**　因為什麼緣故？這是須菩提的自問之辭。

❹**虛妄**　不真實。虛，不實。妄，不真。

❺**非相**　即如來和宇宙的真相、法相、法身和本體。「非相」在字面上相對於「相」而言，意即「無相」或「不是相」，但在理解上卻不能囿於字面，因為實際上並不存在相對於「相」的「無相」和「不是相」。因為儘管在語言的符號體系中，「相」與「非相」是一對相反的概念，但從思辨的角度來看，「非相」是對「相」的否定。一切事物的相狀和有關事物的心理反映，包括如來的身相和色身，都是可以用某種認識形式界定的，如語言、概念、想像等，因而它們

就是被歪曲的、不完全和不真實的。而任何存在本身、任何存在的全部，是無法用任何認識形式來把握的，因此它們是真實的，佛教稱之為法相、法身、實相等。對它們的把握只能是體證與契合，無法言說。或者可以說，對它們的把握只能是對任何認識形式的否定。事實上，佛教用「非相」、「法相」等概念也是暫時的方便手法，在理論上，佛教對它們同樣持徹底否定的態度。在語言概念上，佛教既不持「有」，也不持「無」；既不持「色」，也不持「空」，以此雙遣之法，打破世俗的認識習慣。

【語譯】

「須菩提，你認為怎樣？可以憑藉如來身體的相狀來認識如來嗎？」

「不可以，世尊！不可以憑藉如來身體的相狀來認識如來。為什麼呢？如來所說的身體相狀，就是否定身體相狀的相狀。」

佛告誡須菩提：「凡是所有的相狀，都不是真實的。如果認識到諸多的相狀都是不真實的相狀，那麼就認識了如來的法身。」

須菩提白佛言：「世尊，頗有眾生，得聞如是言說章句，生實信❶不？」

【章旨】

須菩提向釋迦牟尼詢問後人如何憑藉今天所說的經文而對佛法產生信仰，開始討論信仰的根據。

【注釋】

❶生實信　產生堅實的信仰。《華嚴經》六：「信為道源功德母，增長一切諸善法。」因此，佛教認為，實信是實諦（佛法、真理）的階梯。

【語譯】

須菩提對佛說：「世尊，頗有一些眾生得以聽到像您以上的言論語句，能否產生堅實的信仰？」

佛告須菩提：「莫作是說。如來滅後❶，後五百歲❷，有持戒修福者，於此章句，能生信心，以此為實。當知是人，不於一佛、二佛、三、四、五佛❸而種善根❹，已於無量千萬佛所，種諸善根。聞是章句，乃至一念❺生淨信❻者，須菩提，如來悉知悉見。是諸眾生，得如是無量福德。

【章旨】

佛告誡須菩提，真實的信仰是超越時間的。此外，佛預言見此經文而產生信仰的人，不僅久積善根，而且出現在如來滅後後五百歲，這個時期正是大乘佛教興起之際。可以說，這是《金剛經》借釋迦牟尼之口，印證大乘信仰的可靠性。

【注釋】

❶ **如來滅後**　釋迦牟尼滅度涅槃之後。

❷ **後五百歲**　釋迦牟尼滅度之後五百年。佛教認為：佛法的傳遞當經歷正法、像法、末法三個時期。這三個時期相距佛說法的時代越來越遠，故而佛法在這三個時期中漸趨衰微。正法時期指佛在世時以正法開導眾生，直到佛滅後五百年。像法時期指佛滅後五百年後，即「如來滅後後五百歲」，由於眾生的根器轉鈍，深執諸法，因此必須依靠佛像、經典等符號工具來追求解脫。這便是大乘佛教運動崛起和流行之時。這個時期長達千年。末法時期則指佛教衰微的時代，長達一萬年。

❸ **一佛二佛三四五佛**　佛教的時間觀念認為：宇宙由無邊無量的三千大千世界組成，其中的每

一個三千大千世界都無始無終地持續消長著。每一個消長周期中，分為「成」、「住」、「壞」、「空」四「劫」。所謂「劫」，梵語音譯為「劫波音」，意為大時、分別時節。按《大智度論》中的計算方法：一個「滅劫」（從人壽的八萬四千歲開始，每一百年減一歲，減至人壽的十歲）加上一個「增劫」（從人壽的十歲開始，每一百年增加一歲，增至人壽的八萬四千歲）等於一個「小劫」，計約一千六百萬年。二十個小劫等於一個「中劫」，約三十二億年。「成」、「住」、「壞」、「空」四劫分別相當於一個中劫。總計四個中劫為一「大劫」，約一百二十八億年。又按《俱舍論》中的計算方法：一個增劫和一個減劫分別等於一個小劫，二者相加等於一個中劫。「成」、「住」、「壞」、「空」四劫分別等於二十個中劫，總計為八十個中劫，相當於一個大劫。佛教的空間觀念認為：在下至欲界上至色界的廣大空間中，只要有一個太陽和一個月亮普照的範圍，就構成了一個世界。一千個世界為一個小千世界，一千個小千世界為一個中千世界，一千個中千世界為一個大千世界。由於一個大千世界中，包含了小千、中千、大千三種世界，故而稱之為「三千大千世界」。無邊無量的三千大千世界，構成了宇宙。在這樣的時空觀的基礎上，佛教認為：在每一劫中，都應當有一個佛出世，來滅度眾生；而每三個三千大千世界，便構成一個佛滅度眾生的範圍，稱為「一佛世界」、「一佛土」和「一佛國土」。由於時空是無限的，因而佛的出現和佛土的範圍也是無窮無盡的，釋迦牟尼所教化和主持的世界，只是其中的一個，稱為「娑婆世界」。所以，在任何時代、任何地方，只要出現覺悟圓寂、滅度眾生的聖賢，都可稱之為「佛」。大乘佛教宣稱「三世（過去、現在、未來）十方（東南西北四維上下）」，到處是佛，其不可勝數，如印度恒河中的沙粒。因此，所謂「一佛、二佛、三、四、五佛」和下文所言「無量千萬佛所（處所）」，在意義上完全相同，都是在強調佛法的超越性和永恒性。在不同的時空中成就的佛、得到的般若大智慧是一樣的；佛親口所說的佛法和後人所依據的文字記錄的佛法是一樣的，因為佛法的本體不隨時空流轉。從這個意義上看，一佛等於無量千萬佛；在如來滅後千萬劫中持戒修福，與在如來未滅之時，以及如來滅後五百歲之時持戒修福無有差別。這也是大乘佛教發願修習菩薩乘的信仰根據，簡要說，就是自信。

❹**善根** 修習清淨善業（諸惡莫作，眾善奉行）的基礎。佛教認為：身、口、意三業（即行為、語言、思想活動之中），有善的因素，牢不可拔。這些善因能夠產生妙果，進而又成為產生其他妙果的善因。由於善因具有牢固不移而又能生衍的特徵，故稱之為「善根」。

❺**一念** 極為短促的時刻。

❻**淨信** 沒有妄念的清淨信心。

【語譯】

佛告誡須菩提：「不要有這樣的講法。如來滅度後的五百年以後，有人遵守戒律，修養福德，能夠從這些言論語句中產生信念，認為這些語句是真實可信的。要知道這個人不僅在一佛、二佛、三佛乃至四佛、五佛所住持度化的時期種下了修習清淨善業的根基，而且已經在不可思量的千萬佛土種下了修習清淨善業的根基。對於這些聽到佛說的語句就會在一剎那間產生清淨信念的眾生，須菩提啊！如來全都知曉，全都看見。這些眾生，得到了如此不可思量的福德。

「何以故？是諸眾生，無復我相、人相、眾生相、壽者相，無法相❶，亦無非法相❷。何以故？是諸眾生，若心取相❸，則為著我、人、眾生、壽者；若取法相，即著我、人、眾生、壽者。何以故？

若取非法相，即著我、人、眾生、壽者。是故不應取法，不應取非法。以是義故❹，如來常說：汝等比丘，知我說法，如筏喻❺者。法尚應捨，何況非法？

【章旨】

佛深入闡述「不住於相」的道理。佛告誡須菩提：擺脫了我相、人相、眾生相、壽者相，就消滅了對「我」的執著，達到了我空的境界；擺脫了法相、非法相，就消滅對一切有為法（萬事萬物的自性）的執著，達到了「法空」的境界；而「我」、「法」兩空也不存在，僅僅是佛打的比方，是渡河的船筏，所以，擺脫了「我空」和「法空」，就達到了「空空」的境界。至此，任何執著都失去了對象，因而任何執著都不可能存在了。佛正是以脫離一切相狀的邏輯，顯示出任何執著其本身就是虛妄。

【注 釋】

❶無法相　即不執著於實相、法身、非相等代表著本體的概念。

❷無非法相　是對概念意義上的法相的否定（即非法相或無法相）之否定（即無非法相）。前面的經文中說「諸相非相」，是拿「非相」或「法相」來否定一切相狀，而這裡的「非法相」或「無法相」，則進一步否定了概念意義上的「非相」和「法相」，因為它們也是有局限性的概念，而不是真實的存在。由此邏輯推衍，「非法相」，也是一個概念，因而也屬於否定的對象，不可執著，必須進一步地「無非法相」。說到底，這是對否定本身的否定。佛教認為：宇宙萬物的本體，是全部而真實的存在，它無是無非、無善無惡、非色非空，因而沒有用語言和概念對它加以肯定、否定乃至界定的必要，也無法用語言和概念這些暫時而殘缺的東西來界限本體。佛教用這種否定來、否定去的負性的哲學表達方式，讓人們對一切認識方式產生思辨的看法，讓人們認識到一切執著的對象和根源，都是語言、概念、觀念等等不真實的東西。

所以，「非相」、「無法相」、「無非法相」是無窮而循環的字面上的否定，其目的在於否定「住」。「無法相」表明所謂的實相並不存在，於是排遣了執著於「有」的妄念；「無非法相」表明了所謂的實相又並非不存在，於是排遣了執著於「無」的妄念。有無俱遣，語默雙亡，執著的對象消失了，因而執著本身也隨之消失了，認識於是不住於任何一端。《壇經》第十七節論「無相」，即「於一切法上無住」，「於相而離相」。

❸**若心取相** 如果心中對相狀有所執著。

❹**以是義故** 因為這個道理的緣故。

❺**筏喻** 船筏的譬喻。筏，竹排或木排，渡水的工具。佛將自己用語言表達出來的佛法，比作船筏。認為眾生沒有開悟之時，有如未渡之際，故而為之說法，如提供船筏。既渡之後，了悟真性，則當捨筏登岸，無須佛法。而不能把船筏當作彼岸，把佛法當作涅槃。大乘佛教對自身的宗教形式也持否定的態度，稱之為「方便」。

【語　譯】

「這是什麼原因呢?這些眾生不再執著於我相、人相、眾生相、壽者相;不執著於在一切虛妄的相狀後面有一個實在的法相,也不執著於在一切虛妄的相狀後面沒有一個實在的法相。這是什麼原因呢?這些眾生如果執著於一切表面的色相,那麼就執著於我相、人相、眾生相、壽者相;如果執著於相對於色相的法相,仍是執著於我相、人相、眾生相、壽者相。這是什麼原因呢?如果其執著於否定法相,還是執著於我相、人相、眾生相、壽者相。因此,不應執著於有法相,不應執著於沒有法相。因為這個道理的緣故,如來常常說道:你們這些比丘啊!應當明白我對佛法的闡述,有如打了一個船筏的譬喻。和登岸棄舟的道理一樣,佛法尚且應當捨棄,何況那些不是佛法的東西呢?

「須菩提,於意云何?如來得❶阿耨多羅三藐三菩提耶?如來有所說法耶?」

須菩提言:「如我解佛所說義❷,無有定法,名阿耨多羅三藐三菩提。亦無有定法，如來可說。何以故？如來所說法，皆不可取❸、不可說❹，非法、非非法❺。所以者何？一切賢聖❻，皆以無為法❼，而有差別❽。」

【章旨】

佛又從主體如何體證「不住於相」的角度，闡述「不住於相」是永無止境的精神境界。他先舉自己為例，問弟子須菩提：像佛這樣的果位，能否算是得到了無上正等正覺？須菩提認為：一切聖賢，只要他認為於法有所證得，他就陷入了止境，顯示出了差別與不同。因為法性、本體是無為的、平等的，而不同的主體，其體證的程度卻有深淺。

【注釋】

❶**得** 得到；證得。佛教對於「得」，持辯證的看法，認為一味地追求得與不得，都是對妄念的執著。因此，「得」既有「得到」的字面上的意義，又有「執著」的涵義。《法華經・信解品》：「若未悟時，似無所得；若悟了時，似有所得。得與不得，皆是妄見，但不可執著。」

❷**如我解佛所說義** 按照我理解的佛所闡述的道理。

❸**取** 執取；取著。指取著所對的境界。在佛教思想中，「取」是「愛」的異稱，是「煩惱」的總稱，有「貪著」、「執著」、「妄惑」等義。

❹**說** 用語言來表達。佛法本不存在，佛說的教法僅僅是一種方便手段。如果認為把握了佛法就得到了解脫，這便是「取」；如果認為佛法就是釋迦牟尼所說的那些「言說章句」，這便是認為佛法「可說」。

❺**非法非非法** 法，佛法。非法、非非法的否定邏輯，是將佛的教法放在一個用語言概念無法界定的位置上，超越了有無的界限，使人們使用語言的思維方式失去了對象，斬斷了「可取」、「可說」的妄念。非法，指佛法的「體」，即佛法就是人的自性和萬物的本體，它的虛空無為性就是它的圓滿無礙性，即不實有，但又不礙一切現象的顯現，並能為智慧觀照。這一點無法用語言表達，如果為了說法的方便而借用一個概念的話，就只能說它是「非法」。非非法，指佛法的「用」。正因為佛法是無相的、非「有」的，因而它最具有無礙性，能夠最完滿地顯

現、造就萬物，或者說，使萬物自得自足。由於佛法有此廣大妙用，所以，既要認為佛法不是什麼實有的法（非法），又不能認為佛法不是什麼法（非非法）。佛法的這種體用關係，正如《老子》第四十五章所言：「大盈（圓滿）若沖（虛空），其用不窮。」

❻**一切賢聖**　佛教中指一切證得不同果位的凡夫、菩薩。賢聖的等級，大小乘各宗派的說法不一，一般說來，大乘佛教認為有「三賢十聖」。證得十住、十行、十回三果位為三賢，證得初地至十地的菩薩位為十聖。《仁王經》第三品：「三賢十聖住果報，唯佛一人居淨土。」「三賢十聖忍中行，唯佛一人能盡源。」

❼**無為法**　脫離因緣造作之法，相對於「有為法」而言。佛教用「法」的概念分析宇宙的構成因素。「法」的梵文音譯為「達磨」或「達摩」，意為「軌持」。軌，即軌生物解，意為可以使人產生認識的軌範。持，即任持自性，意為任載攝持自身的特性或者質的規定性。佛教認為，宇宙萬物，無論有形無形，是物質現象還是精神現象，都具有自身的特性，恒常不變，形成軌範，可讓人理解。宇宙由萬法構成，佛教各宗派劃分法的方法互有差別，但皆分為「有為法」和「無為法」兩大類。「有為法」包括⑴「色法」，即物質。⑵「心法」，即精神活動的主體。⑶「心所有法」，即相應於心法而產生的心理作用。⑷「心不相應行法」，即不與色、心、心所有相應，但又不離三者，藉三者之差別而產生的有生滅變化的現象。這四種有為法皆有

造作，依據因緣而產生。所謂「無為法」則是無造作，不由因緣和合而成的無生滅、無所作為、永恒不變的絕對存在。佛教根據修持境界的不同，將「無為法」分為：(1)虛空無為，即非物質的真空寂滅。(2)擇滅無為，即憑藉智慧的選擇能力斷滅煩惱，擺脫輪迴，達到涅槃。(3)非擇滅無為，即不憑藉智慧的選擇能力，而是因為真如本性中，本來就缺乏一切造作和因緣的產生根源，所以達到了寂滅的境界。(4)不動無為，即禪定之後進入了第四禪天，離開了苦樂之後而達到的境界。(5)想受滅無為，即禪定後進入了無色界，斷滅了苦樂和六識心想之後而達到的境界。(6)真如無為，即真實如常，這是絕對、真理、本體、佛性的境界。前五種無為法都是「真如無為」的不同顯現和達到「真如無為」的階梯。

❽**差別**　賢聖的根器和他們證得的果位，皆依照他們對無為法的體證程度而劃分出高低不同的境界。佛教認為：所謂根有利鈍，學有淺深，皆由於主體的境界不同而有差別，並非無為法有等差，如三獸渡河，足分深淺而水無深淺；三鳥飛空，跡有遠近而空無遠近。是法性的平等，顯現出賢聖的差別。

【語　譯】

「須菩提，你認為怎樣？如來得到阿耨多羅三藐三菩提了嗎？如來對佛法有所闡述嗎？」

須菩提回答說：「按照我理解的佛所闡述的道理，沒有一個固定的佛法叫做阿耨多羅三藐三菩提的。也沒有固定的佛法是如來可以闡述的。這是什麼原因呢？如來所闡述的佛法，都是不可以追求執著的、都是不可以用語言表達的。它不是什麼法，也並非不是什麼法。這是為什麼呢？因為一切賢者和聖者，都依照他們對無為法這一脫離因緣造作、無生滅、無作為的平等法性的體證程度，而顯現出不同的境界。」

「須菩提，於意云何？若人滿三千大千世界❶七寶❷，以用布施，是人所得福德，寧為多不？」

須菩提言：「甚多！世尊！何以故？是福德，即非福德性❸。是故，如來說福德多。」

「若復有人，於此經中受持❹，乃至四句偈❺等，為他人說，其福勝彼。何以故？須菩提，一切諸佛，及諸佛阿耨多羅三藐三菩提法，皆從此經出。須菩提，所謂佛法者，即非佛法。

【章旨】

佛以用遍滿三千大千世界的七種寶物布施而得到的福德，與由此經中獲得的般若智慧加以比較。以前者為住相布施，而後者為不住相布施。住相布施有所布施而布施，故而福報是有限度的；不住相布施無所布施而布施，故而福報是無限度的。

【注釋】

❶三千大千世界　見頁二三❸。

❷**七寶**　諸多佛經說法不一，大致為：金、銀、琉璃、硨磲、瑪瑙、珊瑚、琥珀。

❸**是福德即非福德性**　這種福德，本來不是福德的本性。佛教認為，任何住相布施，都是有限的，因為這種布施的對象和布施的物質無論多少，總是可以計算的。住相布施的過程，也是計算福報的交換過程，因此它是有限的。福德的本性，指不住相布施而得到的覺悟和解脫。

❹**受持**　信仰奉行。受，直下（憑藉信仰的力量而當下）承受教法。持，時時（憑藉憶念之力而時時刻刻）行持。

❺**四句偈**　佛經中的語言形式。偈，梵文意為「頌」。有別偈和通偈之分。別偈以四句話為一偈，每句可以有四字、五字、六字或七字。通偈又名「首盧偈」，不論每句字數，滿三十二字輒定為一偈。「偈」與「四句偈」也是一切佛經的泛稱，本經中的「四句偈」，正是此義。

【語　譯】

「須菩提，你認為怎樣？如果一個人拿塞滿三千大千世界的七種寶物，用來布施，那麼這個人所得到的福德，多還是不多？」

須菩提回答說：「相當多！世尊！為什麼這樣說呢？這種福德，本來就不是獲得大智慧的福德的無邊無量的本性，所以，如來才用多少來說這種福德。」

「如果有一個人，對於這部經典中的佛法，信仰接受，時時行持，甚至以四句偈語等等佛法向別人闡說，那麼，他得到的福德遠勝那個用寶物布施的人。這是什麼原因呢？須菩提！一切諸多的佛，以及諸佛所具備的被稱作阿耨多羅三藐三菩提的無上正等正覺大法，都是源出於這部經典。須菩提，所謂的佛法，就不是佛法。

「須菩提，於意云何？須陀洹❶，能作是念：『我得須陀洹果』不？」

須菩提言：「不也，世尊。何以故？須陀洹，名為入流，而無所入❷。不入色、聲、香、味、觸、法，是名須陀洹。」

「須菩提，於意云何？斯陀含❸，能作是念：『我得斯陀含果』不？」

須菩提言：「不也，世尊。何以故？斯陀含，名一往來，而實無往來❹，是名斯陀含。」

「須菩提，於意云何？阿那含❺，能作是念：『我得阿那含果』不？」

須菩提言：「不也，世尊！何以故？阿那含，名為不來，而實無來❻，是故名阿那含。」

「須菩提，於意云何？阿羅漢❼，能作是念：『我得阿羅漢道』不？」

須菩提言：「不也，世尊。何以故？實無有法，名阿羅漢❽。世尊，若阿羅漢作是念：『我得阿羅漢道』，即為著我、人、眾生、壽者。世尊，佛說我得無諍❾三昧❿，人中最為第一，是第一離欲⓫阿羅漢，我不作是念：『我是離欲阿羅漢』。世尊，我若作是念：『我得阿羅漢道』，世尊則不說須菩提是樂⓬阿蘭那行⓭者。以須菩提實無所行，而名須菩提是樂阿蘭那行。」

【章旨】

佛又從證得聲聞乘四個果位的角度，和須菩提討論無所住而住、無所得而得的精神境界。

【注釋】

❶**須陀洹**　又稱「須陀般那」、「窣路多阿半那」等。意為「入流」、「至流」、「預流」等，表示

初入聖道。又譯作「逆流」，意為斷滅三界的見惑，逆生死之輪迴。須陀洹是佛教聲聞乘四果中的初果。佛教分大、小二乘，《法華經・譬喻品》：「求一切智……愍念安樂無量眾生，利益天人，度脫一切，是名大乘。」而小乘則指追求灰身滅智，空寂涅槃的教法。小乘教法中又分聲聞、緣覺二乘。聲聞乘指佛弟子聞聽佛的聲教，悟苦、集、滅、道四諦，斷見思之惑，入於涅槃。這是佛教中的最下根。緣覺乘在聲聞乘之上，又稱為中乘、獨覺，指在沒有佛和佛教的時代或地域，觀十二因緣（無明、行、識、名色、六處、觸、受、愛、取、有、生、老死）而獨悟真空之理。大、小乘中，都依照修行的功德而證得不同的境界，稱為「位」、「果位」、「果」。大乘追求的最高果位是「佛」；小乘中，緣覺乘追求的最高果位是「辟支佛」或「獨覺佛」，聲聞乘追求的最高果位是「阿羅漢」。在聲聞乘之中，果位又分為四等，即須陀洹、斯陀含、阿那含、阿羅漢，總稱為「四羅漢」。證得四羅漢果的人，在一切凡人之中為第一等。

❷**無所入** 指須陀洹已初入聖流，不入六境；已入法性，不入欲界。在此意義上，須陀洹雖已入流，但卻無流可入。

❸**斯陀含** 意譯為「一來」，聲聞乘四果中的第二果。斯陀含果已證悟四諦，斷滅欲界九地（品）修惑中的前六地，尚餘後三地。所謂九地修惑，指修道過程中出現的九等煩惱和愚惑。由於

斯陀含尚未斷滅後三地修惑，所以他必須轉生到欲界中的人間或欲界六天一次，故稱「一來」，即「一度往來」。

❹**實無往來** 已證得一往天上，一來人間之果，心中即已不見往來和生滅的相狀，實際上無所往來。

❺**阿那含** 意譯為「不來」、「不還」。聲聞乘四果中的第三果。指已斷滅了欲界九地修惑中的後三地殘餘，不再轉生欲界，而進入了色界和無色界。

❻**實無來** 他本亦作「實無不來」。既證阿那含果，斷滅欲界思惑，不再執著於來與不來的相狀。在這個意義上，可以說實際上已經無所來，也無所不來。

❼**阿羅漢** 意譯為「殺賊」、「應供」、「不生」。聲聞乘四果中的第四果。斷滅了一切修惑，故謂之「殺賊」；證得極高果位，應受人、天供養，故謂之「應供」；一世之果報盡，永入涅槃，不再來生三界，擺脫了生死輪迴，故謂之「不生」。按照小乘的修行境界，又可分為見道、修道、無學道三個境界。相對於聲聞乘的四果來說，須陀洹達到了見道的境界，即斷滅了見惑；斯陀含和阿那含處在修道的境界，尚須斷滅九地修惑；阿羅漢則達到了無學道的境界，斷滅了三界一切愚惑，盡證真諦，不須學修，智慧圓滿，故又稱「無學果」。

❽**實無有法二句** 實際上並沒有一個修證之法和果位，叫做阿羅漢的。這是讓人們不要執著於

聲聞乘四個果位的等級和修證過程，因為從初果須陁洹到四果阿羅漢，只是主體的境界差別，而所要證得的般若大智慧卻是平等、無等差、不可分割的，四個果位的修證途徑，都是為了證得這個境界，甚至用其他的方法也可證得。《法華經・化城喻品》：「於諸法不受，亦得阿羅漢。」因此沒有具體的定法。此句意義可與上文「一切賢聖，皆以無為法，而有差別」相參。

❾**無諍**　安住於「空」而與外物、他人無爭無辯的禪定境界。即不住於一切，彼我俱忘，不起煩惱，也不使眾生起煩惱。諍，爭執；煩惱。

❿**三昧**　又譯為「三摩提」、「三摩帝」，意為「定」、「正定」。指排除一切雜念，使心神平靜。《大智度論》五：「善心一處不動，是名三昧。」

⓫**離欲**　離開欲求煩惱。欲，愛求貪著。《唯識論》五：「云何為欲，於所樂境希望為性，勤依為業。」《釋氏要覽》下引《增一經》曰：「欲生諸煩惱，欲為生苦本。」

⓬**樂**　喜歡；樂於。

⓭**阿蘭那行**　阿蘭那的修行。阿蘭那，又譯作「阿蘭若」、「阿練若」、「阿爛拏」等，意為「叢林」、「無諍聲處」、「閑寂處」、「遠離處」。阿蘭那也是比丘修習的場所和寺院的總稱，指清靜

的場所。行，修行。阿蘭那行指住在叢林之中的清淨修行，是佛教十二頭陀（僧人）行中的第七行。

【語　譯】

「須菩提，你認為怎樣？修證到須陀洹果位的人，能否產生『我證得了須陀洹果』這樣的念頭呢？」

須菩提回答說：「不能，世尊。為什麼呢？須陀洹，名義上叫做『入流』，可是實際上沒有什麼流可入，不住入形色、音聲、氣味、味道、觸覺和意識境界，這才被稱作『須陀洹』。」

「須菩提，你認為怎樣？修證到斯陀含果位的人，能否產生『我證得了斯陀含果』這樣的念頭呢？」

須菩提回答說：「不能，世尊。這是什麼原因呢？斯陀含，名義上叫做『一次往來』，可是實際上沒有什麼往來，這才被稱作『斯陀含』。」

「須菩提，你認為怎樣？修證到阿那含果位的人，能否產生『我證得了阿那含果』這樣的念頭呢？」

須菩提回答說：「不能，世尊。這是什麼緣故呢？阿那含，名義上叫做『不來』，可是實際上沒有什麼來與不來，這才被稱作『阿那含』。」

「須菩提，你認為怎樣？修證到阿羅漢果位的人，能否產生『我證得了阿羅漢果』這樣的念頭呢？」

須菩提回答說：「不能，世尊。為什麼呢？實際上沒有一個具體的修證果位，叫做『阿羅漢』的。世尊，如果有阿羅漢產生了這樣的念頭：『我證得了阿羅漢果』，就是執著於我相、人相、眾生相和壽者相。世尊，佛祖您說我須菩提已經進入了『無諍三昧』這樣一個安住於空、與人無爭的禪定境界，在一切凡夫中處於第一位，是第一等的離開了欲求煩惱的阿羅漢，可是我沒有產生這樣的念頭：『我是離開了欲求煩惱的阿羅漢』。世尊，我如果產生了這樣的念頭：『我具備了阿羅漢的道行』，那麼世尊您就不會說我須菩提是樂於住在寂靜之處修習阿蘭那行的人了。正因為我須菩提實際上沒有什麼可以修行的，這才被說成：須菩提是樂於住在寂靜之處修習阿蘭那行的人。」

佛告須菩提：「於意云何？如來昔在然燈佛❶所，於法有所得不？」

「世尊，如來在然燈佛所，於法實無所得。」

「須菩提，於意云何？菩薩莊嚴佛土❷不？」

「不也！世尊。何以故？莊嚴佛土者，則非莊嚴，是名莊嚴❸。」

「是故，須菩提，諸菩薩摩訶薩，應如是生清淨心❹：不應住色生心，不應住聲、香、味、觸、法生心，應無所住而生其心。須菩提，譬如有人，身如須彌山王❺，於意云何？是身為大不？」

須菩提言：「甚大，世尊。何以故？佛說非身，是名大身。」

【章旨】

佛再從菩薩乘這大乘修行的角度，與須菩提討論「於法無所得」的無止境。這裡出現了「莊嚴佛土者，則非莊嚴，是名莊嚴」的思辨形式，被後人稱為「三句論法」。

【注釋】

❶**然燈佛** 梵文音譯「提洹竭」、「提和竭羅」，又稱「錠光佛」、「古佛」。然燈佛與釋迦牟尼佛、彌勒佛分別為過去、現在、未來三世之佛。《大智度論》九中記載燃（然）燈佛出生之際，身邊光亮如燈，故取名為「燃燈太子」，成佛後即名「燃燈佛」。佛教傳說，釋迦牟尼在過去的第二阿僧祇（無數）劫的劫數快滿盡之時，遭逢燃燈佛出世。釋迦牟尼供養此佛，並接受了此佛授予的、在九十一劫之後的未來（即釋迦牟尼說法的現在之世）成佛的印記（即「記」、「記別」、「授記」。佛記弟子成佛的事跡，分別弟子成佛的劫數、國土、佛名、壽命等，並將「記別」授予弟子，稱為「授記」）。

❷**菩薩莊嚴佛土** 指菩薩以其智慧與福德裝點佛國淨土。莊嚴，以善美裝飾國土，或以功德裝

飾依身（佛教認為身體是有情以及眼耳等感官的依據之所，故稱「依身」）。《大集經》一中羅列了菩薩的四種莊嚴：(1)戒瓔珞莊嚴，即菩薩持禁戒以離諸惡；(2)三昧瓔珞莊嚴，即菩薩持禪定以離諸邪覺；(3)智慧瓔珞莊嚴，即菩薩覺知聖諦以離諸顛倒；(4)陀羅尼瓔珞莊嚴，即菩薩持善使之不失，持惡使之不生。《涅槃經》二七中羅列了菩薩的兩種莊嚴，即智慧莊嚴和福德莊嚴。佛土，即佛國。大乘佛教認為「三世十方」到處是佛。因此，佛所教化和居住的佛國，如同恒河沙一樣難以計數。佛國又稱「淨土」、「淨剎」、「淨國」、「淨界」，這是相對於世俗「欲界」和「穢土」而言的。佛經中對佛土的分類繁多，比較有影響的有：(1)彌陀淨土，即西方極樂世界。中國淨土宗等宗派宣揚此說，認為它是在彼岸的沒有痛苦的極樂世界。(2)華藏世界，又稱蓮華藏世界。中國華嚴宗等派宣揚此說，認為宇宙一切現象皆是佛體的顯現，一切音聲皆是佛法獅子吼（佛發出的震動世界的教化之聲）。此佛土的教主為毗盧遮那佛，佛土中有無數香水海，每一個香水海中各有一朵大蓮華，每一朵大蓮華中包藏了無數世界。由於眾生明心見性即可成佛，所以有些宗派認為佛土即是佛的妙性，也就是眾生的自性，所以並不存在獨立於世間之外的佛國淨土。《維摩詰經．佛國品》：「若菩薩欲得淨土，當淨其心。隨其心淨，則佛土淨。」中國的禪宗則主張穢土即淨土，主張「佛法在世間，不離世間覺」。因此，佛國淨土的觀念，既是大乘佛教中宗教色彩特別濃厚的因素，又是思辨色彩特別濃厚的因素。在此意義上，「菩薩莊嚴佛土」實際上是無所莊嚴而莊嚴。

❸莊嚴佛土者三句　此三句的句式，佛教中稱為「三句論法」，不同的宗派，都依照自身的思維邏輯來理解「三句論法」的內在邏輯。比如天台宗的思維邏輯是「一心三觀」和「三諦圓融」。認為一心之中，可以同時觀照事物所具有的空無的一面、假有的一面以及綜合二者的非空非假的中道。也就是說，空、假、中構成了一切事物的真實相狀，這「三諦」同時存在於一心（或一念）之中，不分先後，雖三而一，雖一而三，互相圓融無礙。依此邏輯，則「莊嚴佛土者，則非莊嚴」是「空諦」，指菩薩莊嚴佛土其實無所莊嚴；「是名莊嚴」是「假諦」，指菩薩莊嚴佛土是假有之名；而綜合「莊嚴佛土者，則非莊嚴，是名莊嚴」則是「中諦」，指菩薩莊嚴佛土無所莊嚴，又非無所莊嚴，是無所莊嚴而莊嚴。再如三論宗的思維邏輯是以「真俗二諦」來分析「諸法性空」的「中道實相」。認為一切事物（諸法）皆無自性，皆由因緣和合而生起。這一點是第一義的，是「真諦」。但世俗的凡夫卻認為因緣和合而成的現象（緣起的諸法）是真實的存在。為了度化眾生，仍採用世俗的語言而說有（存在）緣起（因緣和合而生起）的諸法，認為諸法自性的空，不妨礙緣起，諸法彷彿是有的，可以隨俗而說，這便是「俗諦」。但是「真」、「俗」二諦皆是言教的手段，即以空破有而不住於空，以有破空而不住於有，諸法的實相便在這一過程之中超越了空有的語言假名，非空非有地呈現了出來，這

一實相統一了性空和緣起，即不離性空而可見緣起的諸法（一切現象），而緣起的諸法雖有假名但仍舊是空，這便是事物的真實本相：「中道實相」。依此邏輯，則「莊嚴佛土者」是「俗諦」，指的是緣起的莊嚴佛土的現象；「則非莊嚴」是「真諦」，指不存在莊嚴佛土的現象，因為它空無自性；「是名莊嚴」是「中道實相」，指莊嚴佛土的緣起之所以有，是由於其性空（無所莊嚴），其性空，是由於緣起的可見，二者圓融無礙，而緣起的莊嚴佛土的現象僅僅是假名而已。

❹**清淨心** 不離煩惱、無疑、無垢的淨心。

❺**須彌山王** 即須彌山，因為它是佛教地理觀念中最大的山，故稱「山王」。佛教認為：三千大千世界中的每一個世界，都由物質的大地為基礎，大地為圓柱體，人類生活在它的頂端的平面上。其下是無邊的虛空。世界的中心是一座叫做須彌山的大山，大地、山河、日月、星辰都環繞著它排列。須彌山頂居住著帝釋天，山腰四周住著四大天王。山體由金、銀、琉璃、玻璃四寶構成，宮殿林立，草木茂盛，花香襲人。山的周圍是七重香水海，再外則依次是七金山（七輪圍山）、鹹海、鐵圍山。鹹海之中，有四大部洲（又稱「四天下」）、八中洲以及無數小洲。四大部洲包括南方贍部大洲（又稱「南閻浮提」）、西方牛貨洲、北方俱盧洲（又稱「勝處」）、東方勝身洲。每一部洲內又有兩個中洲，共計八中洲。在每一個世界中，有一個

太陽和一個月亮，運行於鹹海上空，其光線被須彌山遮擋，不能照至對面，故而東、南部洲和西、北部洲晝夜相反。又有無數潔淨物質構成的星辰，上面居住著天人。

【語　譯】

佛告誡須菩提說：「你認為怎樣？如來當初在燃燈佛那裡，對於佛法，有所獲得嗎？」

「世尊，如來在燃燈佛那裡，對於佛法，實際上無所獲得。」

「須菩提，你認為怎樣？菩薩用他們的智慧和福德美化裝飾了佛國淨土嗎？」

「沒有！世尊。這是什麼原因呢？所謂美化裝飾佛國淨土，就是無所美化裝飾，這才被叫做美化裝飾。」

「所以，須菩提，諸多的菩薩、大菩薩們應當這樣產生無惱無垢的清淨之心：即不應當執著於事物的形色和現象而產生虛妄之心；不應當執著於聲音、氣味、味覺、觸覺和意識境界而產生虛妄之心。應當無所執著而產生出自性中原本具備的圓滿清淨之心。須菩提，比如有一個人，他的身體像須彌山一樣，你認為如何？這樣的身體是大還是不大？」

須菩提回答說：「相當的大，世尊。這是什麼原因呢？佛說的身體並不是真實的、超越現象的法身，這才可以用大小來衡量，因而被叫做大身。」

「須菩提，如恒河中所有沙數，如是沙等恒河。於意云何？是諸恒河沙，寧為多不？」

須菩提言：「甚多！世尊。但諸恒河尚多無數，何況其沙！」

「須菩提，我今實言告汝：若有善男子、善女人，以七寶滿爾所恒河沙數三千大千世界，以用布施，得福多不？」

須菩提言：「甚多！世尊。」

佛告須菩提：「若善男子、善女人，於此經中，乃至受持四句偈等，為他人說，而此福德，勝前福德。

「復次，須菩提，隨說❶是經，乃至四句偈等。當知此處，一切世間❷天、人、阿修羅❸，皆應供養❹，如佛塔廟❺。何況有人，盡能受持讀誦？須菩提，當知是人，成就最上、第一、希有之法。若是經典所在之處，則為有佛，若尊重弟子❻。」

【章旨】

佛第二次比較住相布施與修習般若所獲得的福德。住相布施的財物比第一次比較福德中所言「滿三千大千世界七寶」多出無數，而受持《金剛經》所獲福德仍然超過前者的福報。且說此經所在之處，即是佛所在之處。

【注釋】

❶**隨說** 隨其所在之處、隨順眾生之情而闡說。

❷**世間** 泛指世界。佛教認為，「世」有遷流、變動、毀壞、覆蓋真實等涵義；「間」有中間之義。因此，凡墮於世中的事物，都可稱為世間。由於「間」又有間隔之義，因而世中的事物，相互間隔而成界限，故而稱為世間。佛教分世間為「有情世間」和「器世間」。前者又稱「眾生世間」，指有情識的生物，包括人、動物、天、鬼等的生活領域；後者又稱「國土世間」，指無情識的事物，包括山河大地、植物、日月光明、宮室器物等所處的領域。與佛教「三界」（參見頁一七⓫）相應，世間的理論，也是佛教宇宙構成論中區分世界結構的方法。

❸**天人阿修羅** 佛教認為：天、人、阿修羅、畜牲、鬼、地獄構成「六道眾生」，又稱「六趣」。天、人、阿修羅是其中的三善道。天，又稱「天人」、「天部」，指神或天神，是天界的眾生。由低往高，有欲界六天：(1)四天王天，在須彌山腰，最近人間。由東方持國天王、南方增長天王、西方廣目天王、北方多聞天王守護四方。(2)忉利天，又名三十三天，在須彌山頂，帝釋天居於其中。(3)夜摩天，此天無晝夜之分，一片光明。(4)兜率天，又稱覩史多天，此天中

所居天人通體光明，將要降生為佛的菩薩居於其中。(5)樂變化天，此天中所居天人，其想法立刻可以變成現實的快樂。(6)他化自在天，即自由變化、自受快樂之處。有色界四禪十七天：(1)初禪三天，包括梵眾天、梵輔天和大梵天。(2)二禪三天，包括少光天、無量光天和極淨光天。(3)三禪三天，包括少淨天、無量淨天和遍淨天。(4)四禪八天，包括無雲天、福生天、廣果天、無煩天、無熱天、善現天、善見天、色究竟天。有無色界四空天，又稱為「四空處」：(1)空無邊天；(2)識無邊天；(3)無所有天；(4)非想非非想天。佛教認為，人可以憑藉修持功德的大小，在死後居住於不同層次的天界之中。天人仍不能夠擺脫生死輪迴，有升進和墮落。人，指人類。阿修羅，梵文音譯又作「修羅」、「阿須倫」、「阿須羅」等，意為「非天」、「不端正」，指魔神和惡神。他們有著天神的能力，但由於多怒、好鬥，因而失去了天神的德性，被擯出天界，居住在須彌山底部及輪圍山一帶。

❹**供養**　以資財、器物或功德供給、奉獻、施捨給佛、法、僧。一般指進奉香花、明燈、飲食、資財等。其中又分為「二種供養」、「三種供養」、「四種供養」、「五種供養」、「六種供養」和「十種供養」。

❺**佛塔廟**　佛塔，梵語音譯為「塔婆」、「窣堵坡」等，又譯作「浮圖」、「浮屠」、「方墳」、「圓塚」。指安放、供奉佛的舍利子（佛骨）的建築，後來也用來安放佛像、佛經和僧人的遺骨。

廟，又稱「靈廟」，梵語音譯為「支提」、「支帝」、「制底」等，意為「聚積」，因為廟宇是聚積土石和福德信仰建造的，是供奉佛像的所在。塔廟可以總稱為「塔」；分而言之，有佛骨者為「塔婆」，無佛骨者為「制底」。

❻**尊重弟子** 佛的信徒中可尊可重的大弟子們。佛教認為：佛、法（佛法、經典）、僧（佛的弟子）是佛教的「三寶」。因此，這裡的「尊重弟子」與前文的「經典」和「佛」並列。

【語譯】

「須菩提，有著像恒河中沙粒的數目，又有著和這麼多沙粒數目一樣多的恒河，你認為怎樣？這如此之多的恒河中的沙粒，算得上多還是不多？」

須菩提回答說：「相當的多了！世尊。就是諸多的恒河，尚且多得無法數盡，何況是它們所具有的沙粒！」

「須菩提，我現在實話告訴你：假如有善男子、善女人，拿出能夠充滿如你所想像的恒河沙粒數目那麼多的三千大千世界的七種珍寶，以這些珍寶來布施，如此得到的福德，多還是不多？」

須菩提回答說：「相當多！世尊。」

佛告誡須菩提：「假如這些善男子、善女人，對於這部經典之中的佛法，甚至信仰奉持了其中的四句偈等，去對其他人闡說，因此而得到的福德，勝過前面所說布施者的福德。

「其次，須菩提，如果能夠隨其所在之處和眾生之情而闡說這部經典，甚至只是其中的四句偈等。要知道，就在這樣的地方，一切世間的天、人、阿修羅，都應該拿出功德或資財來供養，如同供養佛塔和廟宇一樣。何況還有一種人，完全能夠信仰、奉持、讀誦這部經典呢？須菩提，要知道這種人，成就了最上等、第一位、稀有難得的佛法。只要這部經典所在的地方，就有佛在，有佛的可尊可重的大弟子在。」

正宗分二

【題解】

釋迦牟尼在闡述了離相無住的智慧境界之後，啟發立志修習菩薩乘的善男子和善女人去信仰和實踐經典中的教義。佛一再地闡說奉持《金剛經》的方法和能夠獲得的無邊福德，並且側重闡明了與般若波羅蜜相應的忍辱波羅蜜。因為忍辱波羅蜜是每個菩薩通過對煩惱和痛苦的無條件忍受來體證離相無住的般若，在體證的過程中不得不離相，甚至拋捨自己的身體性命，毫無條件，毫無退路，不生嗔恨。因為真正的忍辱不住於我相，則內無所忍；不住於法相，則外無所辱，只是隨順世俗而呈現出忍辱的相狀罷了。到達了離相忍辱的境界，才能進一步地離相布施。所以，忍辱是菩薩犧牲自我、入世利他、成就正果的前提之一。

爾時，須菩提白佛言：「世尊！當何名此經？我等云何奉持？」

佛告須菩提：「是經名為《金剛般若波羅蜜》，以是名字，汝當奉持。所以者何？須菩提，佛說般若波羅蜜，則非般若波羅蜜。須菩提，於意云何？如來有所說法不？」

須菩提白佛言：「世尊，如來無所說。」

【章旨】

佛為經典命名，以便弟子奉持。但隨即告誡須菩提，應當離開語言的相狀來理解經典的章句和如來所說的佛法。

【語譯】

這時，須菩提對佛說：「世尊！應當怎樣稱呼這部經典呢？我們又如何信仰奉行呢？」

佛告誡須菩提：「這部經的名字叫做《金剛般若波羅蜜經》，憑著這個名稱，你們應當信仰奉行。其原因是什麼呢？須菩提啊！佛說出來的般若波羅蜜，就不是般若波羅蜜了。須菩提，你認為怎樣？如來對於佛法，是否有所闡述？」

須菩提對佛說：「世尊，如來無所闡述。」

「須菩提，於意云何？三千大千世界所有微塵❶，是為多不？」

須菩提言：「甚多！世尊。」

「須菩提，諸微塵，如來說非微塵，是名微塵。如來說世界，非世界，是名世界。

【章旨】

世界和微塵，都是虛妄，故而佛不僅於佛法無所闡說，也無處闡說。佛無所度化眾生。

【注釋】

❶**微塵** 佛教認為：色體（物質）的最小單位是「極微」，至此不可再加分割。七個「極微」構成一個「微塵」，七個「微塵」構成一個「金塵」，其大小可存於金屬的間隙。七個「金塵」構成一個「水塵」，七個「水塵」構成一個「兔毛塵」，其大小為兔毛之端。佛教中又有「微

塵世界」之說，即眾生以清淨之心處於三千大千世界之中，即為「清淨世界」，而眾生以塵垢之心處於三千大千世界中，即為「微塵世界」。在這裡，「微塵」即為「極微」之義，是與「世界」相對的概念。比喻物質世界的極小與極大，以及它們的有限性。

【語譯】

「須菩提，你認為怎樣？三千大千世界中所有的微塵，算得上多嗎？」

須菩提說：「相當的多！世尊。」

「須菩提，所有的微塵，如來說它們不是微塵，因而才被叫做『微塵』。就大者而言，如來所說的世界，並不是真實的世界，因而才被叫做『世界』。

「須菩提，於意云何？可以三十二相❶見如來不？」

「不也，世尊。不可以三十二相得見如來。何以故？如來說三十二相，即是非相，是名三十二相。」

【章旨】

不僅佛法的章句是虛妄，不可執著；世界的觀念是虛妄，不可執著；甚至闡述佛法和度化世界的如來的一切表相，也是虛妄，不可執著。故而如來讓人奉持《金剛經》，就是讓人們不要束縛於經典中的語言文字。

【注釋】

❶三十二相　又稱「三十二大人相」，本為天竺國（古印度）的命相理論。佛教認為，具有三十二相的不僅限於佛，凡具有三十二相的人，在家則為轉輪王（古印度對人間聖帝的稱呼，謂其獲得上天所授神奇兵器寶輪，轉動而降伏四方），出家則為無上覺悟之人。佛所具有的三十二相，是佛的色身所呈現出的三十二種祥瑞之相，通行的說法是：⑴足安平相；⑵千輻輪相；⑶手指纖長相；⑷手足柔軟相；⑸手足縵網相；⑹足跟滿足相；⑺足趺高好相；⑻腨如鹿王

相；(9)手過膝相；(10)馬陰藏相；(11)身縱廣相；(12)毛孔生青色相；(13)身毛上靡相；(14)身金色相；(15)常光一丈相；(16)皮膚細滑相；(17)七處平滿相；(18)兩腋滿相；(19)身如獅子相；(20)身端直相；(21)肩圓滿相；(22)四十齒相；(23)齒白齊密相；(24)四牙白淨相；(25)頰車如獅子相；(26)咽中津液得上味相；(27)廣長舌相；(28)梵音深遠相；(29)眼色如紺青相；(30)眼睫如牛王相；(31)眉間白毫相；(32)頂成肉髻相。

【語譯】

「須菩提，你認為怎樣？能否憑藉三十二種相貌來理解如來呢？」

「不可以，世尊。不能憑藉三十二相來理解如來。為什麼呢？如來所說的三十二相，本來就不是相，因而才被叫做『三十二相』。」

「須菩提，若有善男子、善女人，以恒河沙等❶身命布施❷，若復有人於此經中，乃至受持四句偈等，為他人說，其福甚多。」

【章旨】

佛第三次比較福德，和前兩次所言以七寶布施不同的是，佛以身命布施所獲福德與修習般若所獲福德相較，這就更進了一步，因為七寶是外財，身命則是內財。

【注釋】

❶恒河沙等　與恒河沙的數目相等。

❷身命布施　用身體和性命來施捨或供養。

【語譯】

「須菩提，如果有善男子、善女人，拿出與恒河中的沙粒一樣多的身體和性命來進行布施；如果又有人從這部經典中，甚至於只信仰奉持了其中的四句偈等佛法，去向別人闡說，他所得到的福德更加地多。」

爾時，須菩提聞說是經，深解義趣❶，涕淚悲泣❷，而白佛言：

「希有世尊！佛說如是甚深經典，我從昔來，所得慧眼❸，未曾得聞如是之經。世尊！若復有人，得聞是經，信心❹清淨，則生實相❺，當知是人，成就第一希有功德。世尊！是實相者，則是非相，是故如來說名實相。世尊！我今得聞如是經典，信解受持，不足為難。若當來世，後五百歲，其有眾生得聞是經，信解受持❻，是人則為第一希有。何以故？此人無我相、人相、眾生相、壽者相。所以者何？我相，即是非相；人相、眾生相、壽者相，即是非相。何以故？

離一切諸相，則名諸佛。」

【章旨】

須菩提深受感動，對釋迦牟尼陳述了自己的理解：只要能夠離一切諸相，即便是佛滅度後五百年的信徒，皆能成就佛果。在這裡，須菩提感嘆釋迦牟尼的偉大，感嘆經典的深奧，感嘆知音的難得。

【注釋】

❶義趣　義理旨趣。

❷涕淚悲泣　大徹大悟以後，喜極而生悲，流淚哭泣。

❸慧眼　智慧之眼，「五眼」之一。佛教有「五眼」之說，即：(1)肉眼，肉身所具有的眼。(2)天眼，色界天人所具有的眼，凡人可以經由修習禪定獲得。天眼能於晝夜照見遠近之物。(3)慧

眼，指修大乘和小乘佛法的人，能照見真空無相的智慧。《思益經》三：「慧眼不見有為法，不見無為法。」(4)法眼，指菩薩為度化眾生而具備的照見一切法門的智慧。(5)佛眼，佛身上所具備的前四眼。「五眼」之中，慧眼象徵著空諦；法眼象徵著假諦；佛眼象徵著中諦。

❹**信心**　信奉、接受所聽到和所理解的真理，沒有疑心而產生的智慧和信仰，又稱為「信」。佛教認為：「信」是「心所有法」（參見頁四三❼）之一，是「不疑」的別稱，即對諸法的實體，對佛、法、僧三寶所具有的清淨功德，對於一切眾生所具有的善根，都深信不疑，並使得自心澄淨。《俱舍論》四：「信者，令心澄淨。」

❺**生實相**　因智慧觀照而顯現出本體。實相，指一切存在的本體。實，不虛幻。相，無相。佛教認為：實相與法性和真如同體而異名。就其指稱一切法的體性而言，叫做法性；就其指稱一切存在的本體真實永住而言，叫做真如；就其指稱真實的本體為一切存在的本來面目而言，叫做實相。實相還與「一實」、「一如」、「一相」、「無相」、「法身」、「法證」、「法位」、「涅槃」、「無為」、「真諦」、「真性」、「真空」、「實性」、「實諦」、「實際」等概念涵義相近。

❻**信解受持**　信仰解悟，接受持守。

【語譯】

當時，須菩提聆聽佛闡說這部經典，深刻地解悟了其中的義理和旨趣，感動得流淚悲泣，進而對佛表白自己的見解：「世間少見的世尊啊！您闡說了像這樣相當深刻的經典，從我過去獲得智慧之眼以來，沒有聆聽過像這樣的經典。世尊！如果再有人聆聽了這部經典，產生清淨的毫無疑慮的信心，憑此智慧的觀照，從而顯現和把握了存在的本體和一切法的實相，應當知道這樣的人已經成就了第一等世間少見的功德。世尊！這個實相，就不是什麼相，所以如來才說它的名稱叫做實相。世尊啊！我現在能在您的面前聆聽到這樣的經典，信奉解悟並且接受持守，這不足以成為困難的事。如果在將來的世紀，五百年以後，尚有眾生聽說了這部經典之後，能夠信奉解悟並且接受持守，這樣的人就是第一等的世間少見之人。這是什麼原因呢？因為這樣的人已經離開了我相、人相、眾生相、壽者相。為什麼這樣說呢？所謂我相，本來就不是什麼真正的相；所謂人相、眾生相、壽者相，本來也不是什麼相，它們全都是假相。為什麼呢？當人們的身心擺脫了一切諸多的相狀時，就被叫做諸多的佛。」

佛告須菩提：「如是！如是！若復有人，得聞是經，不驚、不怖、不畏，當知是人，甚為希有。何以故？須菩提，如來說第一波羅蜜❶，非第一波羅蜜，是名第一波羅蜜。

「須菩提，忍辱波羅蜜❷，如來說非忍辱波羅蜜。何以故？須菩提，如我昔為歌利王割截身體❸，我於爾時，無我相、無人相、無眾生相、無壽者相。何以故？我於往昔節節支解時，若有我相、人相、眾生相、壽者相，應生瞋恨❹。須菩提，又念過去於五百世，作忍辱仙人，於爾所世，無我相、無人相、無眾生相、無壽者相。是故，須菩提！菩薩應離一切相，發阿耨多羅三藐三菩提心。不應住色生心，不應住聲、香、味、觸、法生心，應生無所住心❺。若心有住，則為非住。是故，佛說菩薩心，不應住色布施。須菩提，菩薩為利益一切眾生，應如是布施。如來說一切諸相，即是非相；又說一切眾生，則非眾生❻。

【章旨】

佛闡說了第一波羅蜜的意義。接著又指出，在獲得般若大智慧，有了正確的見解的同時，還必須有行為上的體證，體證即是忍辱波羅蜜。所以，不住於相而生其心，能獲般若大智慧，是第一波羅蜜；不住於相而行忍辱，能受一切煩惱和痛苦，是忍辱波羅蜜；不住於相而行布施，能利益一切眾生，是布施波羅蜜。這三者正是菩薩乘自利而利他的圓滿覺行。

【注釋】

❶**第一波羅蜜**　即般若波羅蜜，「六波羅蜜」或「十波羅蜜」之一。佛教認為：有六種波羅蜜，即六種超度眾生脫離生死此岸而到達涅槃彼岸的途徑，稱為「六度」，分別是：⑴檀波羅蜜，即布施。⑵尸羅波羅蜜，即持戒。⑶羼提波羅蜜，即忍辱。⑷毘梨耶波羅蜜，即精進。⑸禪波羅蜜，即禪定。⑹般若波羅蜜，即智慧。其中，般若波羅蜜是最高級的波羅蜜，故稱「第一波羅蜜」或「最勝波羅蜜」，意為用照徹實相的大智慧，作為渡至彼岸的船筏。中國的大乘教派，又發展出「十波羅蜜」的理論，稱為「十勝行」，分別為施波羅蜜、戒波羅蜜、忍辱波羅蜜、精進波羅蜜、靜慮波羅蜜、般若波羅蜜、方便善巧波羅蜜、願波羅蜜、力波羅蜜、智波羅蜜。

❷**忍辱波羅蜜**　能忍一切痛苦，不起煩惱，以此清淨不動之心，修養一切善德。

❸**昔為歌利王句**　即歌利王加害忍辱仙人之事，詳見《涅槃經》三一。歌利王，梵文音譯又作「迦利」，意為「鬥爭」、「惡生」，古印度波羅奈國的無道暴君。當時，佛在城外修習忍辱仙人的道行，所謂仙人，即指長生不死的有道行的人，佛是大仙，在仙人中最為尊貴。此時，歌利王攜宮女出遊城外，有宮女前往佛前禮拜，聆聽佛法。歌利王見狀，心生妒恨，怒而責佛：「你證得了羅漢果嗎？」佛說：「沒有。」歌利王說：「但你尚有貪欲煩惱，恣情於女色。」佛說：「我的內心毫無貪著。」歌利王問：「什麼叫做不貪？」佛回答說：「持戒。」

歌利王又問：「什麼叫做持戒？」佛回答說：「忍辱就是持戒。」於是歌利王持刀割截佛耳，而佛面容不改。群臣見狀紛紛勸諫，歌利王不加理睬，又削去佛的鼻、手，繼而節節肢解，佛仍舊面容圓滿。忽然，沙石從天俱下，歌利王恐慌不已，向佛懺悔。佛說：「我心無瞋亦無貪。」歌利王問道：「大德！什麼叫做心無瞋恨？」佛說：「如果我心無瞋恨，可以使身體復原！」言畢，身體恢復如初。歌利王當下覺悟，成了佛的弟子。

❹**瞋恨** 又稱「瞋恚」，梵語音譯作「訖羅馱」，意為對於世間的痛苦起憎恨之心，使身心熱惱，生諸惡業。瞋、貪、癡，是佛教認為的「三毒」。

❺**無所住心** 不住於一切處所和相狀的心。心無所住，即無執著，隨處解脫。這與頁五六中「無所住而生其心」的內涵一致。大乘佛教以「無住」作為主體精神超越的重要修持手段，《起信論義記上》：「夫真心寥廓……非生非滅，四相之所不遷；無去無來，三際莫之能易。但以無住為性，隨派分歧，逐迷悟而升沉，任因緣而起滅。」《壇經》第十七節：「我此法門，無住為本。」

❻**說一切眾生二句** 佛教認為：眾生的自性，即本來面目，就是佛性。而眾生之所以表現為紛紜的眾生，是由於五蘊（色、受、想、行、識）和合而產生的假象，或者說是因緣和合而生起的相狀，為了順隨俗諦而說這些假象是有的，故而採用語言假名，姑且叫做「眾生」。《涅

槃經》二七：「見佛性者，不名眾生；不見佛性者，是名眾生。」

【語譯】

佛告誡須菩提：「正是這樣！正是這樣啊！如果又有人聽說了這部經典之後，不吃驚、不害怕、不畏縮，應當知道這樣的人是相當少見的。為什麼呢？須菩提啊，如來用語言說出來的第一等的般若波羅蜜，就已經不是第一波羅蜜了，如此，才被稱作第一波羅蜜。

「須菩提，所謂的忍辱波羅蜜，從如來的角度說來，就不是忍辱波羅蜜。這是為什麼呢？須菩提，就如同我從前被歌利王切割分解身體，我在那個時候，心裡沒有任何我相、人相、眾生相和壽者相。這是什麼原因呢？當我在從前身體被節節肢解的時候，如果心中執著了我相、人相、眾生相、壽者相，那麼我應當會生出憎恨。須菩提，再想想過去五百年前，我在做忍辱仙人，在那個世間，我已經不再執著於我相、人相、眾生相和壽者相了。因此，須菩提啊！作為菩薩，應當脫離一切相狀和現象，啟發出阿耨多羅三藐三菩提之心，不應當執著於形色而產生心境，不應當執著於音聲、氣味、味道、觸覺和意識境界而產生心境，應當產生出無所執著之心。如果心境有任何執著，就是執著於不當執著。因此，佛說菩薩的心，不應當執著於色法而布施。須菩提，菩薩為了利益一切眾生，應當像這樣進行布施。如來說出來的一切諸多的相狀，本來就不是什麼相狀；同樣，如來說出來的一切眾生，就不是什麼眾生。

「須菩提，如來是真語❶者，實語❷者，如語❸者，不誑語❹者，不異語❺者。須菩提，如來所得法，此法無實無虛。須菩提，若菩薩心，住於法而行布施，如人入闇，則無所見；若菩薩心，不住法而行布施，如人有目，日光明照，見種種色。

【章旨】

在此經中，佛一直以否定的語句，向須菩提宣示佛於法無所說，這裡又用肯定的語句，斷言佛法不虛，進而指出佛法無實無虛，使人在有、無兩頭落空，心中呈現出無住的真相。

【注釋】

❶真語　不偽之語。如來隨自意而闡說，毫不曲折暗示。
❷實語　不虛之語。如來說法，名實相符，言行一致。
❸如語　合理之語。
❹不誑語　不妄之語。
❺不異語　始終如一之語。

【語譯】

「須菩提，如來是講真話的人，是講實話的人，是講合理的話的人，是不講假話的人，是不講二話的人。須菩提，如來所擁有的佛法，這個佛法既非實有，也非虛無。須菩提，如果菩薩的心執著在任何一種有為法上而進行布施，就如同一個人進入了黑暗之中，無所睹見；如果菩薩的心不執著於任何一種有為法上而進行布施，那麼就像人有了眼睛，在陽光的照耀之下，看見各種各樣的形色。

「須菩提，當來之世❶，若有善男子、善女人能於此經受持讀誦，則為如來。以佛智慧，悉知是人，悉見是人，皆得成就無量無邊功德。

「須菩提，若有善男子、善女人初日分❷，以恒河沙等身布施；中日分，復以恒河沙等身布施；後日分，亦以恒河沙等身布施；如是無量百千萬億劫❸，以身布施。若復有人，聞此經典，信心不逆❹，其福勝彼，何況書寫、受持、讀誦，為人解說？須菩提，以要言之，是經有不可思議、不可稱量無邊功德。如來為發大乘者❺說，為發最上乘❻者說。若有人能受持、讀誦、廣為人說，如來悉知是人，悉見是人，皆得成就不可量、不可稱、無有邊、不可思議功德。如是人等，則為荷擔❼如來阿耨多羅三藐三菩提。何以故？須菩提，若樂小法❽者，著我見、人見、眾生見、壽者見，則於此經不能聽受、讀誦、為人解說。須菩提，在在處處，若有此經，一切世間天、人、阿修羅所應供養。當知此處則為是塔，皆應恭敬，作禮圍繞❾，以諸華香而散其處。

【章旨】

佛第四次比較信奉《金剛經》、修習般若所獲得的福德。比較的對象比前文所言「恒河沙等身命」要多得多，是「無量千萬億劫」中的「恒河沙等身命」。此外，佛特別指出，只有信奉大乘佛教的人，才能承擔、理解和實踐《金剛經》的教義。

【注釋】

❶**當來之世** 即「如來滅後後五百歲」，參見頁三三❶及❷。

❷**初日分** 古代印度以「初日分」、「中日分」、「後日分」劃分一天為三個大時間段，相當於一天之中的早晨、中午和夜晚。

❸**劫** 參見頁三三❸。

❹**信心不逆** 清淨無疑的信仰之心不起牴牾違反之意。

❺**發大乘者** 發起證求大乘修行的信心的人。大乘，參見頁五〇❶。

❻**最上乘** 最高等的教法。乘為佛乘，即成佛之道。最上乘是大乘的別稱。

❼**荷擔** 承擔；擔負。

❽小法　小乘教的法門。又一說指佛教之外的宗教。

❾作禮圍繞　圍繞著佛塔、佛像右行三周以上，並誦讀、讚唱經偈的佛教禮拜儀式。

【語譯】

「須菩提，在未來的世紀，如果有善男子、善女人能對這部經典信奉接受，持守吟誦，那他們就是如來。憑藉佛的大智大慧，完全知道這些人，完全見到這些人，他們都能夠成就不可思量的無邊無際的功德。

「須菩提，如果有善男子、善女人在早晨的時分拿出與恒河沙一樣多的身體性命進行布施；在中午的時分又拿出與恒河沙一樣多的身體性命進行布施；在夜晚的時分再拿出與恒河沙一樣多的身體性命進行布施，像這樣在不可思量的百千萬億劫的時間長河中，拿出身體和性命來進行布施；而如果又有這樣的人，在聆聽了這部經典之後，清淨無疑的信心之中不起任何牴牾違反之意，那他們所得到的福德勝過前面布施的那些人，更何況還能抄寫、接受持守、朗讀吟誦、對他人闡說呢？須菩提，一言以蔽之，這部經典有著不可思議、不可稱量、無邊無垠的功德。如來為那些發起證求大乘修行信心的人們闡說，為那些發起證求最高等佛法信心的人們闡說。如果有人能夠信受持守、朗讀吟誦、廣泛地對他人闡說，如來完全知道這些人，完全見到這些人，他們都能成就不可計量、不可稱述、沒有邊際、不可思議的功德。像這樣的人，就是擔負著如來的阿耨多羅三藐三菩提的人。這是為什麼呢？須菩提，像那些喜歡小乘法門的人，執著於我相的見解、人相的見解、眾生相的見解、壽者相的見解，那麼對於這部經典就不能夠聆聽接受、朗讀吟誦、對他人闡說。須菩提，在任何所在，處於任何處所，如果有了這部經典，那麼一切世間的天、人、阿修羅都應當前來供養。應當知道，這部經典所在的地方就是佛塔，都應當恭恭敬敬，圍繞禮拜，用許多香花播散到這裡。

「復次，須菩提，善男子、善女人受持、讀誦此經，若為人輕賤，是人先世罪業❶應墮惡道❷，以今世人輕賤故，先世罪業則為消滅，當得阿耨多羅三藐三菩提。須菩提，我念過去無量阿僧祇❸劫，於然燈佛前，得值八百四千萬億那由他❹諸佛，悉皆供養承事❺，無空過者。若復有人，於後末世能受持、讀誦此經，所得功德，於我所供養諸佛功德，百分不及一，千萬億分，乃至算數❻、譬喻❼所不能及。須菩提，若善男子、善女人，於後末世有受持、讀誦此經，所得功德，我若具說者，或有人聞，心則狂亂，狐疑不信。須菩提，當知是經義不可思議，果報亦不可思議。」

【章旨】

佛第五次比較奉持《金剛經》的功德，認為這樣的功德甚至超過了佛本人對諸佛的供養。佛指出：一切眾生都可以奉持《金剛經》，可以轉滅先世的罪業，可以洗淨人類的業障。般若如燈，一燈之明，可破千年黑暗。

【注釋】

❶**罪業** 即惡業、業障。業，梵文音譯作「羯磨」，意為行動，作為或造作。表現為意業（即心理活動）、口業（即語言活動）、身業（即身體活動）。佛教認為：眾生的無明無知，決定了他們的意、口、身三業。這些業產生的力量或作用形成了業力，驅動著眾生不斷地流轉於生死苦海。業是眾生所受果報的前因，是眾生苦惱的根本。同時，善業可以引起福報，惡業則會引起惡報。當一個生命結束時，它一生的各種行為構成了善業或惡業，決定了這個生命輪迴到不同世間的生命形式和轉生為另一個生命以後的情形。

❷**惡道** 乘著惡行而轉世輪迴的途徑。又稱「惡趣」。即眾生由於惡業的原因而趣向的所在。一般說來，欲界六道眾生中的地獄、餓鬼和畜牲是三惡道或三惡趣，有時加上阿修羅，稱為四惡道。

❸**阿僧祇** 梵語意為無數。一阿僧祇合一千萬萬萬萬萬萬萬兆。

❹**那由他** 又譯作「那庾多」、「那由多」。數目的名稱，一說十萬，一說數千萬，一說一億，總之指稱無數。

❺承事　侍奉。

❻算數　計算。

❼譬喻　比方。

【語譯】

「其次，須菩提，善男子和善女人信受持守並且朗讀吟誦了這部經典，如果他們被人輕視賤役，是因為這種人在前世所造作的惡業應當墮入惡道之中。同時也由於他們在今世受到人們輕視賤役，他們前世造下的惡業就被消除，應當獲得阿耨多羅三藐三菩提這樣的無上正等正覺。須菩提，我回想在過去不可思量的阿僧祇劫之中，在燃燈佛住世之前，得以值遇了八百四千萬億那由他諸多的佛，我對他們全都悉數供養侍奉，沒有缺過一個。如果再有人在如來滅度後的末法世紀，能夠信受持守、朗讀吟誦這部經典，那麼他所得到的功德，拿我供養諸多的佛所得到的功德與之相比，還不及他的百分之一、千萬億分之一，甚至計算和打比方都不能說盡。須菩提，如果善男子、善女人在以後的末法世紀，有信受持守、朗讀吟誦這部經典的人，他們所得到的功德，我如果一一具體地說出來，可能有人聽了，心中狂亂疑惑，不能相信。須菩提，應當知道，這部經典中的道理是不可思議的，它給人們帶來的果報也是不可思議的。」

正宗分三

【題解】

至此，《金剛經》進入了第二大部分。須菩提再次向釋迦牟尼提出了本經開頭的問題：「善男子、善女人發阿耨多羅三藐三菩提心，云何應住？云何降伏其心？」而佛在這一大部分中的闡說，是在一個更高的層次上所作出的回答，歸結到一句話，即經中所言「實無有法，發阿耨多羅三藐三菩提心者」。因為在未聞般若大道之前，發願修習菩薩乘，使自己的心有所安住，精神有所歸依，眾生得以利益，皆是一種世俗的大願；而在聆聽了佛闡說般若大道之後，須菩提再次在覺悟的基礎上詢問這個問題時，佛連這個問題都予以否定，開示了徹底的無住的境界。所以在這一部分，佛屢屢重複第一大部分中的諸多命題，一再地以佛和菩薩的無量功德啟示離相布施的境界，這一切，都是在闡說道體的外用，闡說一個具備了菩薩乘的精神境界的人，自然而然地表現出來的存在方式，闡說菩薩乘自覺而又覺他、自利而又利他的圓滿覺行。

爾時，須菩提白佛言：「世尊，善男子、善女人發阿耨多羅三藐三菩提心，云何應住？云何降伏其心？」

【章旨】

須菩提在覺悟的基礎上再一次提出了同樣的問題。

【語譯】

此時，須菩提對佛說道：「世尊，善男子、善女人發起了追求阿耨多羅三藐三菩提的心願，他們應當如何安身立命？又應當如何制伏煩惱和妄想？」

佛告須菩提：「善男子、善女人發阿耨多羅三藐三菩提者，當生如是心：『我應滅度一切眾生，滅度一切眾生已，而無有一眾生實滅度者。』何以故？須菩提，若菩薩有我相、人相、眾生相、壽者相，則非菩薩。所以者何？須菩提，實無有法，發阿耨多羅三藐三菩提者。

【章旨】

佛的回答貌似第一次回答，但在這裡，佛已經不僅僅把話題指向「云何應住」、

「云何降伏其心」，而且指向了如何發阿耨多羅三藐三菩提心。如果能離一切相，則無所降伏而降伏其心，無所住而住心，因而也無所發而發阿耨多羅三藐三菩提心。

【語譯】

佛告誡須菩提：「善男子、善女人當中，發起了追求阿耨多羅三藐三菩提心願的人，應當產生出這樣的心願：『我應當滅除一切眾生的煩惱，度脫一切眾生出離苦海。而在滅度了一切眾生之後，實際上並沒有一個眾生得到滅度。』這是什麼原因呢？須菩提，如果菩薩執著於我相、人相、眾生相、壽者相，就不是菩薩。為什麼呢？須菩提，因為實際上根本沒有什麼東西，叫做發起追求阿耨多羅三藐三菩提心願的。

「須菩提，於意云何？如來於然燈佛所，有法得阿耨多羅三藐三菩提不？」

「不也，世尊。如我解佛所說義，佛於然燈佛所，無有法得阿耨多羅三藐三菩提。」

佛言：「如是！如是！須菩提，實無有法，如來得阿耨多羅三藐三菩提。須菩提，若有法，如來得阿耨多羅三藐三菩提者，然燈佛則不與我受記❶：『汝於來世，當得作佛，號釋迦牟尼。』以實無有法，得阿耨多羅三藐三菩提，是故，然燈佛與我受記，作是言：『汝於來世，當得作佛，號釋迦牟尼。』何以故？如來者，即諸法如義❷。若有人言：如來得阿耨多羅三藐三菩提，須菩提，實無有法，佛得阿耨多羅三藐三菩提。須菩提，如來所得阿耨多羅三藐三菩提，於是中無實無虛，是故，如來說一切法，皆是佛法。須菩提，所言一切法者，即非一切法，是故名一切法。

【章旨】

佛向須菩提闡說如何證成佛果，證得菩提，成就佛法。

【注釋】

❶受記　即授記。參見頁五七❶。

❷如來者二句　所謂如來，就是諸法自如的本義。如，如其本體，本然自如的狀態。這句話的意思是說：如來的真如之性，就是一切存在的自在自如的本體、本相、實相。如來不離諸法，於諸法無所取捨、增減和分別，如其本然之義。

【語譯】

「須菩提，你認為怎樣？如來在燃燈佛那裡，是否獲得了一種東西叫做阿耨多羅三藐三菩提的呢？」

「沒有，世尊。根據我所理解的佛所闡述的義理，佛在燃燈佛那裡，沒有獲得阿耨多羅三藐三菩提這樣的大法。」

佛說：「正是這樣！正是這樣！須菩提，實際上沒有什麼東西被如來獲得而叫做阿耨多羅三藐三菩提的。須菩提，如果確有什麼東西被如來獲得叫做阿耨多羅三藐三菩提的，那麼燃燈佛就不會給我授記，說什麼：『你在將來的世紀，可以成佛，號稱釋迦牟尼。』正因為根本沒有什麼獲得阿耨多羅三藐三菩提的佛法，所以，燃燈佛給我授記，說了這樣一句話：『你在將來的世紀，可以成佛，號稱釋迦牟尼。』這是什麼原因呢？因為所謂的如來，就是指他那真如之性，是一切存在的自在自如的本體，是諸法自如的本義。如果有人聲稱：如來獲得了阿耨多羅三藐三菩提，須菩提啊！實際上沒有什麼東西，被佛獲得而叫做阿耨多羅三藐三菩提的。須菩提，如來所得到的阿耨多羅三藐三菩提，在它當中既沒有實有，也沒有虛無，所以，如來闡說的一切法，都是佛法。須菩提，所謂的一切法，就不是一切法，所以被叫做一切法。

「須菩提，譬如人身長大。」

須菩提言：「世尊，如來說人身長大，則為非大身，是名大身。」

【章旨】

佛和須菩提討論如何不住於相而認識如來的法身。

【語譯】

「須菩提，打個比方來說，就像人的身體又高又大。」

須菩提說：「世尊，如來說出來的人身高大，就不是高大的身體，因此才被叫做大身。」

「須菩提，菩薩亦如是。若作是言：『我當滅度無量眾生』，則不名菩薩。何以故？須菩提，實無有法，名為菩薩。是故佛說：一切法無我、無人、無眾生、無壽者。須菩提，若菩薩作是言：『我當莊嚴佛土』，是不名菩薩。何以故？如來說莊嚴佛土者，即非莊嚴，是名莊嚴。須菩提，若菩薩通達無我法者，如來說名真是菩薩。」

【章旨】

佛闡說如何證成菩薩果，如何滅度眾生，如何莊嚴佛土。

【語譯】

「須菩提，菩薩也像這樣。如果說這樣的話：『我應當滅度不可思量的眾生』，那麼就不叫做菩薩了。為什麼呢？須菩提，實際上沒有一種東西，叫做菩薩的。所以佛指出：一切法都是沒有我相、人相、眾生相和壽者相的。須菩提，如果有菩薩說這樣的話：『我應當美化裝飾佛國淨土』，這就不能叫做菩薩。為什麼呢？如來所闡說的美化裝飾佛國淨土，就不是美化裝飾，所以才被稱作美化裝飾。須菩提，如果菩薩能通曉徹悟無我無法的道理，摒棄自我與外物的界限，如來所說的正是這樣的真菩薩。」

「須菩提，於意云何？如來有肉眼❶不？」

「如是，世尊。如來有肉眼。」

「須菩提，於意云何？如來有天眼❷不？」

「如是，世尊。如來有天眼。」

「須菩提，於意云何？如來有慧眼❸不？」

「如是，世尊。如來有慧眼。」

「須菩提，於意云何？如來有法眼❹不？」

「如是，世尊。如來有法眼。」

「須菩提，於意云何？如來有佛眼❺不？」

「如是，世尊。如來有佛眼。」

「須菩提，於意云何？恒河中所有沙，佛說是沙不？」

「如是，世尊。如來說是沙。」

「須菩提，於意云何？如一恒河中所有沙，有如是等恒河，是諸恒河所有沙數佛世界，如是寧為多不？」

「甚多！世尊。」

佛告須菩提：「爾所國土中所有眾生若干種心❻，如來悉知。

何以故？如來說諸心，皆為非心，是名為心。所以者何？須菩提，過去心不可得，現在心不可得，未來心不可得❼。

【章旨】

佛闡說如來的圓滿智慧，以及圓滿的智慧對其滅度的眾生現象的觀照和攝受。

【注釋】

❶肉眼　佛教五眼之一。參見頁七八❸。這裡開始講「五眼」，下文又講「若干種心」，因為一切心、意、識等精神現象，都由眼的觀察而產生。

❷天眼　參見頁七八❸。

❸**慧眼**　參見頁七八❸。

❹**法眼**　參見頁七八❸。

❺**佛眼**　參見頁七八❸。

❻**若干種心**　梵語音譯作「質多」。佛教中對於心的分析與分類極為細密。按法相宗的解釋，所謂的心包含了心、意、識三心，即泛指一切精神現象。

❼**過去心不可得三句**　過去已滅，未來未起，現在虛妄，色界的時間都是流遷不息的幻想，故而心由境、事而起，不可停留，也不可把握、執著。如果要追求阿耨多羅三藐三菩提的覺悟之心，就不能停留在時間規定的經驗範圍內來把握事物，不可執著於色界之中此起彼伏的過去、現在、未來之心。

【語譯】

「須菩提，你認為怎樣？如來有肉眼嗎？」

「是的，世尊。如來有肉眼。」

「須菩提，你認為怎樣？如來有天眼嗎？」

「是的，世尊。如來有天眼。」

「須菩提，你認為怎樣？如來有慧眼嗎？」

「是的，世尊。如來有慧眼。」

「須菩提，你認為怎樣？如來有法眼嗎？」

「是的，世尊。如來有法眼。」

「須菩提，你認為怎樣？如來有佛眼嗎？」

「是的，世尊。如來有佛眼。」

「須菩提，你認為怎樣？恒河當中所有的沙子，佛說它們是沙子嗎？」

「是的，世尊。如來說它們是沙子。」

「須菩提，你認為怎樣？比如一條恒河中所有的沙子，又有和這些沙子一樣多的恒河，那麼和這些恒河中沙子一樣多的佛國世界，其數目是多還是不多？」

「相當地多！世尊。」

佛告誡須菩提：「這麼多的國土中所有的眾生，他們的若干種心，如來全都知曉。為什麼呢？如來說出來的諸多的心，都不是心，這才被稱作心。這是什麼原因呢？須菩提，過去的心不可以把握執著，現在的心不可以把握執著，未來的心不可以把握執著。

「須菩提，於意云何？若有人滿三千大千世界七寶，以用布施，是人以是因緣❶，得福多不？」

「如是，世尊。此人以是因緣，得福甚多。」

「須菩提，若福德有實，如來不說得福德多；以福德無故，如來說得福德多。

【章旨】

佛向須菩提闡說圓滿的福德。

【注 釋】

❶因緣　佛教認為，一切事物皆由因緣和合而生，其內在的因素叫做「因」，其賴以生起的條件叫做「緣」。有時，佛教又稱因緣為因，指產生一個結果的原因，又稱「能生」，而把產生出的結果稱為「所生」。佛教的思想範疇中，因是作為一物所生的親與強力，叫做「親生」，而緣則被作為一物所生的疏添弱力，叫做「疏助」。比如莊稼，種子是因，雨、露、陽光、農夫是緣。佛教中對因緣的分類因宗派的不同而有分歧，大致有：(1)因緣，即相對於果的因。(2)等無間緣，又稱次第緣，指精神現象中前一念成為後一念生起的條件，其中沒有間斷。(3)所緣緣，又稱緣緣，指認識所攀緣的認識境界，即指認識的對象。(4)增上緣，指一事物對其他事物的影響和作用。其中有力增上緣，即能對其他事物的生成起幫助作用的緣；還有無力增上緣，即對其他事物的生成不起妨礙作用的緣。

【語 譯】

「須菩提，你認為怎樣？如果有人拿充滿三千大千世界的七種珍寶來布施，這個人憑藉這樣的因緣而得到的福德，是不是很多？」

「是的，世尊。這個人憑藉這樣的因緣而得到的福德相當地多。」

「須菩提，如果真的存在著福德，如來就不說獲得福德多還是不多這樣的話了；正因為福德是不存在的，所以如來才說獲得福德多還是不多這樣的話。

「須菩提，於意云何？佛可以具足色身❶見不？」

「不也，世尊。如來不應以具足色身見。何以故？如來說具足色身，即非具足色身，是名具足色身。」

「須菩提，於意云何？如來可以具足諸相❷見不？」

「不也，世尊。如來不應以具足諸相見。何以故？如來說諸相具足，即非具足，是名諸相具足。」

「須菩提，汝勿謂如來作是念：『我當有所說法』，莫作是念！何以故？若人言：『如來有所說法』，即為謗佛，不能解我所說故。須菩提，說法者，無法可說，是名說法。」

【章旨】

佛闡說什麼是身相具足的法身和無法可說的法音。

【注釋】

❶具足色身　具備充足完美相狀的身體，指佛的肉身。

❷具足諸相　具備充足完美的諸多相貌，包括佛呈現在人的眼前和想像、記憶中的相貌，以及佛的平常相貌和變異相貌，比如三十二相。

【語　譯】

「須菩提，你認為怎樣？佛是可以用佛具備充足完美的肉身這一觀念來認識的嗎？」

「不可以，世尊。如來是不應當用佛具備了充足完美的肉身這一觀念來認識的。為什麼呢？如來所說的具備了充足完美的肉身，就不是具備了充足完美的肉身，這才被稱作具備了充足完美的肉身。」

「須菩提，你認為怎樣？如來是可以用佛具備充足完美的諸多相貌這一觀念來認識的嗎？」

「不可以，世尊。如來是不應當用佛具備了充足完美的諸多相貌這一觀念來認識的。為什麼呢？如來所說的諸多相貌具備充足，就不是具備充足，這才被叫做諸多相貌具備充足。」

「須菩提，你不要說如來產生過這樣的念頭：『我應當對佛法有所闡說』。不要產生這樣的念頭啊！為什麼呢？如果有人說：『如來對佛法有所闡說』，就是在誹謗佛，因為他不能理解我的闡說。須菩提，所謂說法，就是無法可說，這才被叫做說法啊！」

爾時，慧命❶須菩提白佛言：「世尊，頗有眾生，於未來世，聞說是法，生信心不？」

佛言：「須菩提，彼非眾生，非不眾生❷。何以故？須菩提，眾生眾生者，如來說非眾生，是名眾生。」

【章　旨】

佛從信仰的角度，闡說眾生的自性，即是佛性，眾生對佛法的信仰，原來僅僅是對自性的認識，不存在信仰的疑慮。

【注　釋】

❶**慧命**　佛教認為，法身以智慧為壽命，故稱慧命。慧命又被用作比丘的尊稱，因為他們博聞強識，以慧為命。

❷**彼非眾生二句**　就一切眾生的自性來看，眾生即是佛，因此眾生是不存在的。但是眾生的自性不妨礙眾生現象的緣起，因此眾生的幻象又是存在的。對眾生的把握既不可執著於無，也不可執著於有。

【語　譯】

這時，以智慧作為生命的大比丘須菩提對佛說道：「世尊，有相當的眾生在未來的世間聽說了這些佛法，能否產生信仰之心？」

佛說：「須菩提，他們既不是什麼眾生，又並非不是什麼眾生。為什麼呢？須菩提，眾生之所以叫做眾生，因為如來說他們實際上不是眾生，這才被稱作眾生。」

須菩提白佛言：「世尊，佛得阿耨多羅三藐三菩提，為無所得耶？」

「如是！如是！須菩提，我於阿耨多羅三藐三菩提，乃至無有少法可得，是名阿耨多羅三藐三菩提。

「復次，須菩提，是法平等，無有高下，是名阿耨多羅三藐三菩提。以無我、無人、無眾生、無壽者，脩一切善法，則得阿耨多羅三藐三菩提。須菩提，所言善法者，如來說非善法，是名善法。

【章旨】

佛闡說什麼是把握了佛法，並宣示佛法平等，奉勸眾生修持善法。

【語　譯】

須菩提對佛說：「世尊，所謂佛獲得了阿耨多羅三藐三菩提，就是無所獲得嗎？」

「正是這樣！正是這樣！須菩提，我在阿耨多羅三藐三菩提方面，甚至於沒有一點點佛法可以獲得，這才被叫做阿耨多羅三藐三菩提。

「其次，須菩提，這佛法是平等的，沒有高下的差別，這才被叫做阿耨多羅三藐三菩提。用不執著於我相、人相、眾生相和壽者相來修習一切善法，就獲得了阿耨多羅三藐三菩提。須菩提，所謂的善法，如來說它們不是什麼善法，這才被叫做善法。

「須菩提，若三千大千世界中，所有諸須彌山王，如是等七寶聚，有人持用布施。若人以此《般若波羅蜜經》，乃至四句偈等，受持、讀誦、為他人說，於前福德，百分不及一，百千萬億分，乃至算數、譬喻所不能及。

【章　旨】

佛在此經中第六次比較住相布施與離相布施所獲福德的多少。在正宗分第二大部分中，這是第一次比較福德，故而以七寶為喻，與正宗分第一大部分中的第一次比較福德相對應。

【語　譯】

「須菩提，有堆積起與三千大千世界中所有諸多須彌大山相等的七種寶物，如果有人拿這些寶物用作布施；如果又有人憑藉這部《般若波羅蜜經》，甚至於當中的四句偈語等，信受持守、朗讀吟誦、對他人闡說，拿前一種人因布施而獲得的福德與之相比，還不到百分之一，百千萬億分之一，甚至計算和打比方都不能說盡。

「須菩提，於意云何？汝等勿謂如來作是念：『我當度眾生』。須菩提，莫作是念！何以故？實無有眾生，如來度者。若有眾生，如來度者，如來則有我、人、眾生、壽者。須菩提，如來說有我者，則非有我；而凡夫之人❶，以為有我。須菩提，凡夫者，如來說則非凡夫。

【章旨】

佛闡說如來如何度化眾生。

【注　釋】

❶凡夫之人　即凡夫，亦稱「六凡」，指天、人、阿修羅、畜牲、餓鬼、地獄六道眾生。凡，指平常、沒有悟道見性。佛教一方面認為凡夫與聖賢有差別，因為「凡夫淺識，深著五欲」(《法華經・譬喻品》)；另一方面又強調凡聖一如，認為凡夫與聖者在本體上無有差別，皆有佛性。《寶藏論》：「凡聖不二，一切圓滿。」《大日經義釋》五：「六趣眾生，與毗盧遮那（佛的真體）本無二體。」

【語　譯】

「須菩提，你認為怎樣？你們不要說如來產生了這樣的念頭：『我應當度脫眾生』。須菩提，不要有這個念頭啊！為什麼呢？實際上沒有什麼眾生，是如來可以度脫的。如果真的有什麼眾生可以讓如來度脫，那麼如來就執著於我相、人相、眾生相和壽者相了。須菩提，如來所說的存在著自我，就不是存在著自我；而那些凡夫們總以為存在著自我。須菩提，所謂的凡夫，如來說出來的就不是凡夫。

「須菩提，於意云何？可以三十二相觀如來不？」

須菩提言：「如是！如是！以三十二相觀如來。」

佛言：「須菩提，若以三十二相觀如來者，轉輪聖王❶，則是如來。」

須菩提白佛言：「世尊，如我解佛所說義，不應以三十二相觀如來。」

爾時，世尊而說偈言：

若以色見我，以音聲求我。

是人行邪道，不能見如來。

【章旨】

佛顯示法身真相，以糾正須菩提的妄惑，並頌偈言，啟示眾生離相觀見法身。

【注釋】

❶轉輪聖王　梵語音譯為「斫迦羅代棘底遏羅闍」、「遮迦越羅」，又稱「轉輪聖帝」、「轉輪王」、「輪王」、「飛行皇帝」，為古印度傳說中的聖帝。據說他的身體具備三十二種相貌，即位時由天感得輪寶，即古印度的一種兵器，轉動之後，降伏了天下。他還能飛行於空中。《俱舍論》、《長阿含經》等佛教典籍中又有金、銀、銅、鐵四大輪王之說。

【語譯】

「須菩提，你認為怎樣？可以依照三十二種相貌來正確地認識如來嗎？」

須菩提回答說：「正是這樣！正是這樣！可以依照三十二種相貌正確地認識如來。」

佛說道：「須菩提啊！如果依照三十二種相貌就能夠正確地認識如來，那麼，有著三十二種相貌的轉輪聖王也可以算是如來了。」

須菩提對佛說：「世尊，按照我理解的佛所闡說的義理，是不應當依照三十二種相貌來正確地認識如來的。」

這時，世尊便說出了偈語：

若以色見我，以音聲求我。
是人行邪道，不能見如來。

「須菩提，汝若作是念：『如來不以具足相故，得阿耨多羅三藐三菩提』，須菩提，莫作是念：『如來不以具足相故，得阿耨多羅三藐三菩提』。須菩提，汝若作是念：『發阿耨多羅三藐三菩提者，說諸法斷滅相❶』，莫作是念！何以故？發阿耨多羅三藐三菩提心者，於法不說斷滅相。

【章旨】

佛闡說法無斷滅，破除對空的執著，即既要離相把握如來，又不能離相把握如來，總之是絕對的無住。

【注釋】

❶斷滅相　又稱「斷滅見」。在佛教看來，斷滅見是一種見惑和邪見，甚至是邪見中的最邪惡者。這種見解斷然否定因果之間的互相連續和互相作用，以此來打破因果輪迴，進入寂靜涅槃。這種虛無絕滅的思想執著於「空」，認為與「有」對立的「空」是實存的，只要斷滅因果的支

配，即可追求到空的境界。大乘佛教特別強調既不執著於「有」，也不執著於「空」。因為大乘佛教認為因果是普遍存在，不可斷滅的，佛與菩薩也要受因果律的支配，他們之所以能夠度脫生死此岸，達到涅槃彼岸，也是因緣果報的作用。

【語譯】

「須菩提，如果你產生了這樣的念頭：『如來不憑藉著具備充足完美的相貌而獲得阿耨多羅三藐三菩提』，須菩提啊！請你不要產生這樣的念頭：『如來不憑藉著具備充足完美的相貌而獲得阿耨多羅三藐三菩提』。須菩提，如果你產生了這樣的念頭：『發願追求阿耨多羅三藐三菩提的人，有著認為一切現象皆空的虛無斷滅的見解』，請你不要產生這樣的念頭！為什麼呢？因為發願追求阿耨多羅三藐三菩提的人，對於一切現象，不以虛無斷滅的態度來看待。

「須菩提，若菩薩以滿恒河沙等世界七寶布施。若復有人，知一切法無我，得成於忍❶，此菩薩勝前菩薩所得功德。須菩提，以諸菩薩不受福德故。」

須菩提白佛言：「世尊，云何菩薩不受福德？」

「須菩提，菩薩所作福德，不應貪著❷，是故說不受福德。」

【章旨】

第七次比較福德，與正宗分第一大部分中的第二次比較福德相對應。佛闡明：真正的福德不計較福德，一旦計較，便落入貪著。

【注釋】

❶**忍**　梵語音譯為「羼提」，意為忍耐。能夠忍耐一切現實中的境遇而不產生瞋怒不滿的心境。

同時，忍也是大智慧的表現，只有把握了諸法的實相和世界的本體，才能夠安住於現實的世俗世界而不動心。

❷貪著　多求無厭謂之貪；心頑固執著，不願離去謂之著。貪亦稱作「愛」，指對於一切欲望的境界愛戀不捨。

【語　譯】

「須菩提，如果有菩薩拿出充滿了與恒河沙數目相等的三千大千世界的七種寶物來進行布施；如果又有人，悟知一切現象都是沒有自性的道理，達到了忍的智慧與修持境界，這位菩薩獲得的功德勝過了前一位菩薩。須菩提，這是因為諸多的菩薩本來就不接受什麼福德啊！」

須菩提對佛說：「世尊，為什麼說菩薩不接受福德呢？」

「須菩提，菩薩對於他所作出的福德，不應當貪心執著，所以說不接受福德。

「須菩提，若有人言：『如來若來若去，若坐若臥』，是人不解我所說義。何以故？如來者，無所從來，亦無所去，故名如來。

【章旨】

佛說明如來的威儀和寂滅無住的境界。

【語譯】

「須菩提，如果有人說：『如來有來有去，有坐有臥』，那麼，這個人執著於如來的相貌，不能悟解我所說的義理。為什麼呢？所謂的如來，就是無所來而來，也無所去而去，所以才叫做如來。

「須菩提，若善男子、善女人以三千大千世界碎為微塵，於意云何？是微塵眾，寧為多不？」

「甚多！世尊。何以故？若是微塵眾實有者，佛則不說是微塵眾。所以者何？佛說微塵眾，則非微塵眾，是名微塵眾。世尊，如來所說三千大千世界，則非世界，是名世界。何以故？若世界實有者，則是一合相❶。如來說一合相，則非一合相，是名一合相。」

「須菩提，一合相者，則是不可說，但凡夫之人，貪著其事。」

【章旨】

佛闡說什麼是如來主持度化的世界。佛將世界碎為微塵，又合而為一，以顯示世界沒有自性，並非實有，一切只是緣起。

【注　釋】

❶一合相　整個世界，是眾多微塵合而為一的暫時的假相。

【語　譯】

「須菩提，如果有善男子、善女人把三千大千世界粉碎成微塵，你認為怎樣？這些眾多的微塵，多還是不多？」

「相當地多啊！世尊。為什麼呢？如果這些眾多的微塵確實是存在的，佛就不說這些是眾多的微塵了。這是什麼原因呢？佛說出來的眾多的微塵，就不是眾多的微塵，這才被叫做眾多的微塵。世尊，如來所說的三千大千世界，就不是世界，所以才被叫做世界。為什麼呢？如果認為世界是一個真實的存在，那它不過是眾多微塵合而為一的相狀。如來說出來的合而為一的相狀，就不是合而為一的相狀，所以才被叫做合而為一的相狀。」

「須菩提，所謂的合而為一的相狀，就是不可言說的東西，只是凡夫們對這一概念貪戀執著。

「須菩提，若人言：『佛說我見、人見、眾生見、壽者見』，須菩提，於意云何？是人解我所說義不？」

「世尊，是人不解如來所說義。何以故？世尊說我見、人見、眾生見、壽者見，即非我見、人見、眾生見、壽者見，是名我見、人見、眾生見、壽者見。」

「須菩提，發阿耨多羅三藐三菩提心者，於一切法應如是知，如是見，如是信解，不生法相。須菩提，所言法相者，如來說即非法相，是名法相。

【章 旨】

佛總結般若的要旨：不住於我、人四相，不住於法相，甚至於連這樣的知見都不產生。佛告誡眾生應如此理解信仰經中的義趣。

【語 譯】

「須菩提，如果有人說：『佛闡說了我相的見解、人相的見解、眾生相的見解和壽者相的見解』，須菩提，你認為怎樣？這個人解悟了我所闡說的義理嗎？」

「世尊，這個人沒有解悟如來所闡說的義理。為什麼呢？世尊說出來的我相的見解、人相的見解、眾生相的見解和壽者相的見解，就不是什麼我相的見解、人相的見解、眾生相的見解和壽者相的見解，所以才被叫做我相的見解、人相的見解、眾生相的見解和壽者相的見解。」

「須菩提，發起了追求阿耨多羅三藐三菩提的心願的人，對於一切現象應當這樣知曉，這樣認識，這樣信受理解，不要在自我的意識中產生並執著於所謂事物本體的實相——法相。須菩提，所謂的法相，如來說出來的就不是法相了，這才被叫做法相。

「須菩提，若有人以滿無量阿僧祇世界七寶，持用布施；若有善男子、善女人發菩提心者，持於此經，乃至四句偈等，受持、讀誦、為人演說，其福勝彼。云何為人演說？不取於相，如如不動❶。何以故？

「一切有為法❷，如夢幻泡影，如露亦如電，應作如是觀。」

【章旨】

佛第八次比較福德的大小，啟發眾生的信心，並以充滿智慧的偈語結束了自己的說法。

【注釋】

❶不取於相二句　不執著於一切現象和相狀，把握自如自在、不生不滅的本體真性。取，執著。如如，本體真性自如自在的樣子。不動，不生不滅。

❷有為法　參見頁四三❼。

【語譯】

「須菩提，如果有人拿出充滿了不可思量的阿僧祇世界的七種寶物來進行布施；如果又有善男子、善女人發起了追求阿耨多羅三藐三菩提的心願，奉持著這部經典，甚至是其中的四句偈語等，信受持守、朗讀吟誦、對人演示闡說，那麼他們獲得的福德勝過前者。什麼叫做對他人演示闡說？那就是不執著於一切現象，從而把握自在自如、不生不滅的本體，所謂的『不取於相，如如不動』。為什麼呢？
「一切有為法，如夢幻泡影，如露亦如電，應作如是觀。」

流通分

【題解】

佛法不僅能夠影響佛的弟子，而且能夠流通於一切世間和一切眾生之中，因為佛對於佛法無所闡說。

佛說是經已。長老須菩提及諸比丘、比丘尼❶、優婆塞❷、優婆夷❸、一切世間天、人、阿修羅，聞佛所說，皆大歡喜，信受奉行。

【章 旨】

佛的弟子和世間眾生聆聽了佛法，獲得了智慧，皆大歡喜，信仰修行。

【注 釋】

❶比丘尼 又譯作「苾芻尼」。指出家而受具足戒的女子，即俗稱的「尼姑」。

❷優婆塞 又譯作「優波娑迦」等，指接受了五戒而在家修行的男信徒，即俗稱的「男居士」。

❸優婆夷 又譯作「優婆私柯」等，指接受了五戒而在家修行的女信徒，即俗稱的「女居士」。

【語 譯】

佛闡說這部經典到這裡結束。須菩提長老以及諸多的比丘、比丘尼、優婆塞、優婆夷、一切世間的天、人和阿修羅們，聆聽了佛的闡說，全都非常地歡欣喜悅，信仰接受，奉持修行。

附錄

一、《般若波羅蜜多心經》❶

唐三藏法師玄奘❷譯

觀自在❸菩薩，行深❹般若波羅蜜多時，照見五蘊❺皆空，度一切苦厄。舍利子❻，色不異空，空不異色，色即是空，空即是色。受、想、行、識，亦復如是。舍利子，是諸法空相，不生不滅，不垢不淨，不增不減。是故空中無色，無受、想、行、識，無眼、耳、鼻、舌、身、意，無色、聲、香、味、觸、法，無眼界，乃至無意識界❼；無無明，亦無無明盡，乃至無老死，亦無老死盡❽；無苦、集、滅、道❾，無智亦無得。以無所得故，菩提薩埵❿。依般若波羅蜜多故，心無罣礙⓫。無罣礙故，無有恐怖。遠離顛倒夢想，究竟涅槃。三世諸佛⓬，依般若波羅蜜多故，得阿耨多羅三藐三菩提。故知般若波羅蜜多，是大神咒⓭，是大明咒⓮，是無上咒⓯，是無等等咒⓰，能除一切苦，真實不虛。故說般若波羅蜜多咒，即說咒曰：

揭帝揭帝，般羅揭帝，般羅僧揭帝，菩提薩婆訶⓱！

【注釋】

❶**般若波羅蜜多心經**　一卷，在唐玄奘編譯的《大般若波羅蜜多經》中，屬於《大品般若》中的部分。現存《心經》的漢文譯本，按時間順序排列，先後有七種：(1)《摩訶般若波羅蜜大明咒經》一卷，舊傳為姚秦天竺三藏鳩摩羅什譯。梁僧祐《出三藏記》和隋《法經錄》均將

此經列入失譯錄，至唐智昇《開元釋教錄》歸入羅什所譯經籍。(2)《般若波羅蜜多心經》一卷，唐三藏玄奘譯於貞觀二十三年（西元六四九年）。(3)《普遍智藏般若波羅蜜多心經》一卷，唐摩竭提國三藏法月譯於開元二十六年（西元七三八年）。(4)《般若波羅蜜多心經》一卷，唐罽賓三藏般若等譯於貞元六年（西元七九〇年）。(5)《般若波羅蜜多心經》一卷，唐三藏智慧輪譯於大中十三年（西元八五九年）。(6)《般若波羅蜜多心經》一卷，唐吐蕃國師法成譯於大中年間（西元八四七年至八五九年），二十世紀初發現於敦煌石室。(7)《佛說聖母般若波羅蜜多經》一卷，北宋施護譯於宋太宗時期（西元九七六年至九九七年）。七種譯本中，以唐玄奘的譯本為通行本。本書所據玄奘譯本為《中華大藏經》刊本，底本為金藏大寶集寺本。通行本《心經》僅二百五十八字，但卻是般若波羅蜜的精要、核心。它總攝了般若思想和大乘空宗的教義，是後人綜合了《大般若經》中的諸品，即《大品般若》中的〈序〉、〈奉鉢〉、〈習應〉、〈往生〉、〈嘆度〉五品（漢譯在羅什所譯《大品般若》卷一至卷二），以及《大般若經》第二會中的〈緣起〉、〈歡喜〉、〈觀照〉、〈無等等〉四品（漢譯在玄奘所譯《大般若經》卷四〇一至卷四〇五），將其中佛與舍利子對般若的討論概括成綱領性的文字而單獨流行，因而它沒有序分和流通分。《心經》闡述了般若的認識對象「空」，揭示諸法的實相就是空相，認為般若修行有著能度一切苦厄的無量功德。和《金剛經》相比較，《心經》側重講「空」的客體狀態，故言「色即是空，空即是色」；而《金剛經》則側重講「空」的主體境界，故而不言「色」「空」關係，而講「無住」，講精神對現象的超越。《心經》文末的咒語，可能是後人增加的，又見於《陀羅尼經集》卷三中的《般若波羅蜜多大心經》。（用神祕的咒語，來展示般若的廣大神通，體現了般若學與神祕信仰的合流和對世俗心理需求的適應。）

❷**玄奘** 俗名陳褘，唐洛州緱氏（今河南偃師緱氏鎮）人。生於西元六〇〇年，卒於西元六六四年。唐太宗貞觀三年（西元六二九年），玄奘西行求法，至印度中部摩揭陀國王舍城。後遊歷訪學於印度東部、南部、西部和北部的數十個王國，他的佛學造詣贏得了印度佛教界的推崇。貞觀十九年，玄奘回到長安，帶回梵文佛經六百五十七部以及佛骨等靈物，受到唐太宗的召見。他在長安宏福寺主持了佛經的譯述工作，並與弟子窺基等開創了法相宗。玄奘是中國佛教的四大翻譯家之一，他還著有《大唐西域記》一書，是中古時期中亞交通史和文化史的寶貴典籍。

❸**觀自在** 又稱「觀世自在」、「觀世音」、「觀音」等。觀世自在，意為觀見世界的本體而能自在，拔出苦樂。觀世音，意為觀世人稱誦菩薩名字的聲音而給予垂救。故而觀自在就是大智大悲的菩薩覺行。觀，佛教中指正確的認識方法，能觀照本性，觀察妄惑，達觀真理。

❹**行深** 修行極深。

❺**五蘊**　又稱「五陰」。指人的身心。包括：(1)色，即人的肉體和物質的形色；(2)受，即由感官引起的苦、樂等情感；(3)想，即理智和概念的活動；(4)行，即意志的活動；(5)識，即總攝前四種活動的意識。這五種活動聚合在一起，成為痛苦的基礎，稱為「五蘊盛苦」。如果五蘊與「取」，即貪欲或執著相聯繫，就成了「五蘊取」，造成了其他一切痛苦的根源。蘊，聚集。

❻**舍利子**　又稱「舍利弗」。佛的十大弟子之一。古印度摩揭陀國王舍城的婆羅門種姓成員，因能持戒多聞，智慧過人，善說佛法，被稱為「智慧第一」。

❼**無眼界二句**　眼界至意識界，即佛教中所說的「十八界」，分別為眼界、耳界、鼻界、舌界、身界、意界、色界、聲界、香界、味界、觸界、法界、眼識界、耳識界、鼻識界、舌識界、身識界、意識界。其中關係，參見《金剛經》頁二二五❺。這裡舉其首尾兩界以概全體。

❽**無無明四句**　這四句話涵蓋了佛教中十二因緣的理論。「十二因緣」，又稱「十二有支」，包括無明、行、識、名色、六處（六入）、觸、受、愛、取、有、生、老死。佛教從分析十二因緣入手，探討人生痛苦的原因以及人的際遇，說明眾生生死相依轉化的因果關係，其主要內容為：(1)無明緣行：「無明」這種無知和愚癡產生了「行」這種意識活動。(2)行緣識：由行引導「識」這種投胎時就具備的心識活動朝著與行相應的地方投生。(3)識緣名色：識的形成是孕育「名」這種人在母胎中具備的精神和「色」這種人在母胎中具備的肉體的作用力。(4)名

色緣六處：作為胎兒的精神和肉體的名、色，又產生出胎兒的六處，即眼、耳、鼻、舌、身、意。(5)六處緣觸：六處在胎兒出生之後，與外物接觸，產生了觸覺。(6)觸緣受：人的童年時期，心識漸長，與外境相觸，可以領受外境的作用，產生出苦、樂和不苦不樂等感受。(7)受緣愛：感受產生出貪愛。(8)愛緣取：成年之後，貪愛變成了取和執著。(9)取緣有：由於執著而產生出各種業，即思想和行為，這些業作為一種因，能夠產生出未來的果，故稱為「有」。(10)有緣生：由愛、取、有產生了善業和惡業，導致了來世的再生。(11)生緣老死：由於有生，必然會有衰老死亡。十二因緣構成了人生的三世兩重因果，即十二因緣中的始因無明和次因行，作為現世人生的過去二因，產生了由識、名色、六處、觸、受構成的現在五果。二因和五果構成了過去、現在一重因果。而現世人生的愛、取、有作為未來人生的現在三因，又將產生出由生、老死構成的未來人生的二果。三因和二果構成了現在、未來一重因果，總計為三世兩重因果。十二因緣的理論，是佛教對生命現象的概述，佛教主張識破十二因緣構成的沒有自性的人生現象，就能滅盡無明，超脫生死。盡，終結。

❾**苦集滅道**　又稱「四諦」，即四條真理，是佛教的根本教義。苦諦分析人生的痛苦，這種痛苦不是一般意義上的，而是指生存的焦慮和逼迫。佛教認為：人生有生、老、病、死四苦，加上「怨憎會」（即冤家總是相會）、「愛別離」（即親愛的人總是分離）、「求不得」（即欲求不能

滿足）、「五陰盛」（即色、受、想、行、識的匯合），構成了人生的八苦。由於苦是由諸多條件匯集而成，所以佛教用集諦分析產生苦的原因，其中主要分析了十二因緣和業報輪迴，認為「業」和「惑」是苦的根源。滅諦闡述人生覺悟的結果，認為斷滅一切生成苦的原因，就可以消除苦惱，達到涅槃的境界。而道諦則宣揚達到涅槃的途徑和修行方法。包括「正見」，即正確的見解；「正思維」，即正確的思維；「正語」，即正確的語言；「正業」，即清淨的行為；「正命」，即正當的生活；「正精進」，即正確的努力；「正念」，即正確的念法；「正定」，即正確的禪定，總稱為「八正道」，又可歸結為戒、定、慧三學。

⑩ **菩提薩埵**　參見頁一二❽。

⑪ **罣礙**　牽掛妨礙。

⑫ **三世諸佛**　過去、現在、未來三世的佛。參見頁三三❸及頁五七❶。

⑬ **大神咒**　字面意義為偉大而神祕的咒語。咒，又稱「真言」、「總持」、「祕密號」、「密言」、「密語」、「咒明」，梵語音譯又作「曼怛羅」、「陀羅尼」。意為有神力的語言。佛教認為，用世俗通用的語言文字闡說的教義是顯教，而用神祕不可理解的咒語暗示的教義是密教。真言咒語因為不能解說，又不為凡夫理解，因而是真實如常的語言。佛教認為，這些真言咒語不可譯作漢語，只有在念誦時才能產生功效。大神咒，又稱「法陀羅尼」。陀羅尼意為執持不捨，故

而大神咒的實義為：聞聽佛法，執持不捨。

⓮**大明咒** 字面意義為偉大而光明的咒語。又稱「義陀羅尼」，即悟解佛法，執持不捨。

⓯**無上咒** 字面意義為不可超越的咒語。又稱「咒陀羅尼」，即能念咒語，執持不捨。

⓰**無等等咒** 字面意義為無與倫比的咒語。又稱「忍陀羅尼」，即能安住實相，執持不捨。

⓱**揭帝揭帝四句** 即「揭帝真言」。揭帝，意為度脫。重複意為度脫「我執」（不住於我相）和「法執」（不住於法相），或者意為自度而度人。般羅，意為徹底。僧，意為普遍。菩提，意為覺悟。薩婆訶，意為迅速。總結全句，大意為菩薩修持般若法門，我空、法空，自度而度人。這是徹底的度脫，徹底而普遍的度脫，覺行圓滿，頓悟成佛。

【語　譯】

觀見世界的本體而自在的菩薩，在修行以大智慧到達彼岸的般若波羅蜜多的功夫達到了極深的境界時，其智慧照見色、受、想、行、識五蘊都已不存，呈現出本體的空相，因而度脫了一切苦難。舍利子啊！作為萬事萬物的現象的色，和作為萬事萬物本體相狀的空，毫無差異。同樣，空與色也沒有差異，色就是空，空就是色。其他的受、想、行、識與空之間的關係也是如此。舍利子，這世界中一切現象的本來面目就是空的樣子，這諸法的空相，不發生也不滅亡，不垢穢也不清淨，不增加也不減少。所以空相之中，沒有色，沒有受、想、行、識，沒有眼、耳、鼻、舌、身、意，沒有形色、聲音、香氣、味道、觸覺、意識的境界，沒有眼的認識境界，直到沒有十八界中的意識境界；沒有十二因緣中從無明的開始，也沒有到無明的終結，直到沒有老死的開始，也沒有老死的終結；沒有苦、集、滅、道的四諦，沒有什麼智慧，也沒有什麼獲得。正因為沒有獲得什麼，故證得了菩薩的境界。正因為依照般若波羅蜜多的修行方法，心中沒有了牽掛和滯礙。因為沒有牽掛和滯礙，也就沒有了恐怖。一旦遠離了顛倒的惑見和夢想，就能徹底地進入涅槃的境界。過去、現在、未來的三世中諸多的佛，因為依照般若波羅蜜多的修行方法，獲得了阿耨多羅三藐三菩提這樣的無上正等正覺。因此可以知道，般若波羅蜜多是偉大而神祕的咒語，是偉大而光明的咒語，是不可超越的咒語，是無與倫比的咒語，能夠滅除一切苦惱，真實而不虛妄。所以要闡說般若波羅蜜多的咒語，也就是誦說以下的咒語：

揭帝揭帝，般羅揭帝，般羅僧揭帝，菩提薩婆訶。

二、《金剛經》玄奘譯本標點

如是我聞：一時，薄伽梵在室羅筏，住誓多林給孤獨園，與大苾芻眾千二百五十人俱。

爾時，世尊於日初分，整理常服，執持衣鉢，入室羅筏大城乞食。時薄伽梵於其城中，行乞食已，出還本處。飯食訖，收衣鉢。洗足已。於食後時，敷如常座，結加趺坐。端身正願，住對面念。

時諸苾芻來詣佛所。到已，頂禮世尊雙足，右遶三匝，退坐一面。具壽善現，亦於如是眾會中坐。

爾時，眾中具壽善現從座而起，偏袒一肩，右膝著地，合掌恭敬而白佛言：「希有世尊，乃至如來應正等覺，能以最勝攝受，攝受諸菩薩摩訶薩。乃至如來應正等覺，能以最勝付囑，付囑諸菩薩摩訶薩。世尊，諸有發趣菩薩乘者，應云何住？云何修行？云何攝伏其心？」作是語已。

爾時，世尊告具壽善現曰：「善哉！善哉！善現，如是，如是。如汝所說，乃至如來應正等覺，能以最勝攝受，攝受諸菩薩摩訶薩。乃至如來應正等覺，能以最勝付囑，付囑諸菩薩摩訶薩。是故，善現，汝應諦聽，極善作意，吾當為汝分別解說。諸有發趣菩薩乘者，應如是住，如是修行，如是攝伏其心。」

具壽善現白佛言：「如是，世尊。願樂欲聞。」

佛言：「善現，諸有發趣菩薩乘者，應當發起如是之心：所有諸有情、有情攝所攝，若卵生、若胎生、若濕生、若化生；若有色、若無色；若有想、若無想、若非有想非無想，乃至有情界施設所施設，如是一切，我當皆令於無餘依妙涅槃界而般涅槃。雖度如是無量有情，令滅度已，而無有情得滅度者。何以故？善現，若諸菩薩摩訶薩有情想轉，不應說名菩薩摩訶薩。所以者何？善現，若諸菩薩摩訶薩，不應說言有情想轉。如是命者想、士夫想、補特伽羅想、意生想、摩納婆想、作者想、受者想轉，當知亦爾。何以故？善現，無有少法名為發趣菩薩乘者。

「復次，善現，菩薩摩訶薩，不住於事，應行布施。都無所住，應行布施。不住於色，應行布施。不住聲、香、味、觸、法，應行布施。善現，如是菩薩摩訶薩，如不住相想，應行布施。何以故？善現，若菩薩摩訶薩都無所住，而行布施，其福德聚，不可取量。」

佛告善現：「於汝意云何？東方虛空，可取量不？」

善現答言：「不也，世尊。」

「善現，如是南、西、北方、四維、上下，周遍十方一切世界虛空，可取量不？」

善現答言：「不也，世尊。」

佛言：「善現，如是，如是。若菩薩摩訶薩都無所住，而行布施，其福德聚，不可取量，亦復如是。善現，菩薩如是，如不住相想，應行布施。」

佛告善現：「於汝意云何？可以諸相具足觀如來不？」

善現答言：「不也，世尊。不應以諸相具足觀於如來。何以故？如來說諸相具足，即非諸相具足。」

說是語已，佛復告具壽善現言：「善現，乃至諸相具足，皆是虛妄；乃至非相具足，皆非虛妄。如是以相非相，應觀如來。」

說是語已，具壽善現復白佛言：「世尊，頗有有情，於當來世後時後分，後五百歲，正法將滅時分轉時，聞說如是色經典句，生實想不？」

佛告善現：「勿作是說。頗有有情，於當來世後時後分，後五百歲，正法將滅時分轉時，聞說如是色經典句，生實想不？然復善現，有菩薩摩訶薩，於當來世後時後分，後五百歲，正法將滅時分轉時，具足尸羅，具德，具慧。

「復次，善現，彼菩薩摩訶薩非於一佛所承事供養，非於一佛所種諸善根。然復善現，彼菩薩摩訶薩，於其非一百千佛所承事供養，於其非一百千佛所種諸善根，乃能聞說如是色經典句，當得一淨信心。善現，如來以其佛智，悉已知彼；如來以其佛眼，悉已見彼。善現，如來悉已覺彼一切有情，當生無量無數福聚，當攝無量無數福聚。何以故？善現，彼菩薩摩訶薩無我想轉、無有情想、無命者想、無士夫想、無補特伽羅想、無意生想、無摩納婆想、無作者想、無受者想轉。善現，彼菩薩摩訶薩無法想轉、無非法想轉、無想轉、亦無非想轉。所以者何？善現，若菩薩摩訶薩有法想轉，彼即應有我執、有情執、命者執、補特伽羅等執。若有非法想轉，彼亦應有我執、有情執、命者執、補特伽羅等執。何以故？善現，不應取法，不應取非法。是故，如來密意而說筏喻法門。諸有智者，法尚應斷，何況非法？」

佛復告具壽善現言：「善現，於汝意云何？頗有少法，如來應正等覺證得阿耨多羅三藐三菩提耶？頗有少法，如來應正等覺是所說耶？」

善現答言：「世尊，如我解佛所說義者，無有少法，如來應正等覺證得阿耨多羅三藐三菩提，亦無有少法，是如來應正等覺所說。何以故？世尊，如來應正等覺所證、所說、所思惟法，皆不可取，不可宣說，非法，非非法。何以故？以諸賢聖補特伽羅，皆是無為之所顯故。」

佛告善現：「於汝意云何？若善男子或善女人，以此三千大千世界盛滿七寶，持用布施，是善男子或善女人，由此因緣所生福聚，寧為多不？」

善現答言：「甚多，世尊。甚多，善逝。是善男子或善女人，由此因緣所生福聚，其量甚多。何以故？世尊，福德聚福德聚者，如來說為非福德聚，是故如來說名福德聚福德聚。」

佛復告善現言：「善現，若善男子或善女人，以此三千大千世界盛滿七寶，持用布施；若善男子或善女人，於此法門，乃至四句伽他，受持、讀誦、究竟通利，及廣為他宣說開示，如理作意。由是因緣所生福聚，甚多於前無量無數。何以故？一切如來應正等覺阿耨多羅三藐三菩提，皆從此經出。諸佛世尊，皆從此經生。所以者何？善現，諸佛法諸佛法者，如來說為非諸佛法，是故如來說名諸佛法諸佛法。」

佛告善現：「於汝意云何？諸預流者頗作是念：我能證得預流果不？」

善現答言：「不也，世尊。諸預流者不作是念：我能證得預流之果。何以故？世尊，諸預流者無少所預，故名預流。不預色、聲、香、味、觸、法，故名預流。世尊，若預流者作如是念：我能證得預流之果，即為執我、有情、命者、士夫、補特伽羅等。」

佛告善現：「於汝意云何？諸一來者頗作是念：我能證得一來果不？」

善現答言：「不也，世尊。諸一來者不作是念：我能證得一來之果。何以故？世尊，以無少法，證一來性，故名一來。」

佛告善現：「於汝意云何？諸不還者頗作是念：我能證得不還果不？」

善現答言：「不也，世尊。諸不還者不作是念：我能證得不還之果。何以故？世尊，以無少法，證不還性，故名不還。」

佛告善現：「於汝意云何？諸阿羅漢頗作是念：我能證得阿羅漢不？」

善現答言：「不也，世尊。諸阿羅漢不作是念：我能證得阿羅漢性。何以故？世尊，以無少法，名阿羅漢，由是因緣名阿羅漢。世尊，若阿羅漢作如是念：我能證得阿羅漢性，即為執我、有情、命者、士夫、補特伽羅等。所以者何？世尊，如來應正等覺，說我得無諍住，最為第一。世尊，我雖是阿羅漢，永離貪欲，而我未曾作如是念：我得阿羅漢，永離貪欲。世尊，我若作如是念：我得阿羅漢，永離貪欲者，如來不應記說我言：善現，善男子，得無諍住，最為第一。以都無所住，是故如來說名無諍住無諍住。」

佛告善現：「於汝意云何？如來昔在然燈如來應正等覺所，頗於少法有所取不？」

善現答言：「不也，世尊。如來昔在然燈如來應正等覺所，都無少法而有所取。」

佛告善現：「若有菩薩，作如是言：我當成辦佛土功德莊嚴，如是菩薩，非真實語。何以故？善現，佛土功德莊嚴佛土功德莊嚴者，如來說非莊嚴，是故如來說名佛土功德莊嚴佛土功德莊嚴。是故，善現，菩薩如是都無所住，應生其心。不住於色，應生其心。不住非色，應生其心。不住聲、香、味、觸、法，應生其心。不住非聲、香、味、觸、法，應生其心。都無所住，應生其心。」

佛告善現：「如有士夫具身大身，其色自體，假使譬如妙高山王。善現，於汝意云何？彼之自體為廣大不？」

善現答言：「彼之自體廣大，世尊。廣大，善逝。何以故？世尊，彼之自體，如來說非彼體故名自體，非以彼體，故名自體。」

佛告善現：「於汝意云何？乃至殑伽河中所有沙數，假使有如是沙等殑伽河，是諸殑伽河沙，寧為多不？」

善現答言：「甚多，世尊。甚多，善逝。諸殑伽河尚多無數，何況其沙？」

佛言：「善現，吾今告汝，開覺於汝：假使若善男子或善女人，以妙七寶盛滿爾所殑伽河沙等世界，奉施如來應正等覺。善現，於汝意云何？是善男子或善女人，由此因緣所生福聚，寧為多不？」

善現答言：「甚多，世尊。甚多，善逝。是善男子或善女人，由此因緣所生福聚，其量甚多。」

佛復告善現：「若以七寶盛滿爾所沙等世界，奉施如來應正等覺，若善男子或善女人於此法門，乃至四句伽他，受持、讀誦、究竟通利，及廣為他宣說開示，如理作意，由此因緣所生福聚，甚多於前，無量無數。

「復次，善現。若地方所，於此法門，乃至為他宣說開示四句伽他，此地方所，尚為世間諸天及人、阿素洛等之所供養，如佛靈廟。何況有能於此法門，具足究竟書寫、受持、讀誦、究竟通利，及廣為他宣說開示，如理作意。如是有情，成就最勝希有功德，此地方所，大師所住，或隨一一尊重處所，若諸有智同梵行者。」

說是語已，具壽善現復白佛言：「世尊，當何名此法門？我當云何奉持？」

作是語已，佛告善現言：「具壽，今此法門，名為能斷般若波羅蜜多，如是名字，汝當奉持。何以故？善現，如是般若波羅蜜多，如來說為非般若波羅蜜多，是故如來說名般若波羅蜜多。」

佛告善現：「於汝意云何？頗有少法如來可說不？」

善現答言：「不也，世尊。無有少法如來可說。」

佛告善現：「乃至三千大千世界大地微塵，寧為多不？」

善現答言：「此地微塵甚多，世尊。甚多，善逝。」

佛言：「善現，大地微塵，如來說非微塵，是故如來說名大地微塵。諸世界，如來說非世界，是故如來說名世界。」

佛告善現：「於汝意云何？應以三十二大士夫相，觀於如來應正等覺不？」

善現答言：「不也，世尊。不應以三十二大士夫相，觀於如來應正等覺。何以故？世尊，三十二大士夫相，如來說為非相，是故如來說名三十二大士夫相。」

佛復告善現言：「假使若有善男子或善女人，於日日分捨施殑伽河沙等自體。如是經殑伽河沙等劫數，捨施自體。復有善男子或善女人，於此法門，乃至四句伽他，受持、讀誦、究竟通利，及廣為他宣說開示，如理作意，由是因緣所生福聚，甚多於前，無量無數。」

爾時，具壽善現聞法威力，悲泣墮淚，俛仰捫淚，而白佛言：「甚奇希有，世尊。最極希有，善逝。如來今者所說法門，普為發趣最上乘者，作諸義利。普為發趣最勝乘者，作諸義利。世尊，我昔生智以來，未曾得聞如是法門。世尊，若諸有情聞說如是甚深經典，生真實想，當知成就最勝希有。何以故？世尊，諸真實想真實想者，如來說為非想，是故如來說名真實想真實想。世尊，我今聞說如是法門，領悟信解，未為希有。若諸有情，於當來世後時後分，後五百歲，正法將滅時分轉時，當於如是甚深法門，領悟、信解、受持、讀誦、究竟通利，及廣為他宣說開示，如理作意，當知成就最勝希有。何以故？世尊，彼諸有情，無我想轉，無有情想，無命者想，無士夫想，無補特伽羅想，無意生想，無摩納婆想，無作者想，無受者想轉。所以者何？世尊，諸我想即是非想，諸有情想、命者想、士夫想、補特伽羅想、意生想、摩納婆想、作者想、受者想，即是非想。何以故？諸佛世尊，離一切想。」

作是語已，爾時，世尊告具壽善現言：「如是，如是，善現，若諸有情聞說如是甚深經典，不驚不懼，無有怖畏，當知成就最勝希有。何以故？善現，如來說最勝波羅蜜多，謂般若波羅蜜多。善現，如來所說最勝波羅蜜多，無量諸佛世尊所共宣說，故名最勝波羅蜜多。如來說最勝波羅蜜多，即非波羅蜜多，是故如來說名最勝波羅蜜多。

「復次，善現。如來說忍辱波羅蜜多，即非波羅蜜多，是故如來說名忍辱波羅蜜多。何以故？善現，我昔過去世，曾為羯利王斷支節肉。我於爾時，都無我想，或有情想，或命者想，或士夫想，或補特伽羅想，或意生想，或摩納婆想，或作者想，或受者想。我於爾時，都無有想，亦非無想。何以故？善現，我於爾時，若有我想，即於爾時，應有恚想。我於爾時，若有有情想、命者想、士夫想、補特伽羅想、意生想、摩納婆想、作者想、受者想，即於爾時，應有恚想。何以故？善現，我憶過去五百生中，曾為自號忍辱仙人。我於爾時，都無我想，無有情想，無命者想，無士夫想，無補特伽羅想，無意生想，無摩納婆想，無作者想，無受者想。我於爾時，都無有想，亦非無想。是故，善現，菩薩摩訶薩遠離一切想，應發阿耨多羅三藐三菩提心。不住於色，應生其心。不住非色，應生其心。不住聲、香、味、觸、法，應生其心。不住非聲、香、味、觸、法，應生其心。都無所住，應生其心。何以故？善現，諸有所住，則為非住，是故如來說諸菩薩應無所住而行布施，不應住色、聲、香、味、觸、法，而行布施。

「復次，善現。菩薩摩訶薩為諸有情作義利故，應當如是棄捨布施。何以故？善現，諸有情想，即是非想。一切有情，如來即說為非有情。善現，如來是實語者，諦語者，如語者，不異語者。

「復次，善現。如來現前等所證法，或所說法，或所思法，即於其中非諦非妄。善現，譬如士夫入於闇室，都無所見。當知菩薩，若墮於事，謂墮於事而行布施，亦復如是。善現，譬如明眼士夫過夜曉已，日光出時，見種種色。當知菩薩，不墮於事，謂不墮事而行布施，亦復如是。

「復次，善現。若善男子或善女人，於此法門，受持、讀誦、究竟通利，及廣為他宣說開示，如理作意，則為如來以其佛智，悉知是人。則為如來以其佛眼，悉見是人。則為如來悉覺是人。如是有情，一切當生無量福聚。

「復次，善現。假使善男子或善女人，日初時分，以殑伽河沙等自體布施；日中時分，復以殑伽河沙等自體布施；日後時分，亦以殑伽河沙等自體布施。由此異門經於俱胝那庾多百千劫，以自體布施。若有聞說如是法門，不生誹謗，由此因緣，所生福聚，尚多於前，無量無數，何況能於如是法門，具足畢竟，書寫、受持、讀誦、究竟通利，及廣為他宣說開示，如理作意？

「復次，善現。如是法門，不可思議，不可稱量。應當希冀不可思議所感異熟。善現，如來宣說如是法門，為欲饒益趣最上乘諸有情故，為欲饒益趣最勝乘諸有情故。善現，若有於此法門，受持、讀誦、究竟通利，及廣為他宣說開示，如理作意，即為如來以其佛智，悉知是人。即為如來以其佛眼，悉見是人。則為如來悉覺是人。如是有情，一切成就無量福聚。皆當成就不可思議、不可稱量、無邊福聚。善現，如是一切有情，其肩荷擔如來無上正等菩提。何以故？善現，如是法門，非諸下劣信解有情，所能聽聞。非諸我見，非諸有情見，非諸命者見，非諸士夫見，非諸補特伽羅見，非諸意生見，非諸摩納婆見，非諸作者見，非諸受者見所能聽聞。此等若能受持、讀誦、究竟通利，及廣為他宣說開示，如理作意，無有是處。

「復次，善現。若地方所開此經典，此地方所當為世間諸天及人、阿素洛等之所供養，禮敬右遶，如佛靈廟。

「復次，善現。若善男子或善女人，於此經典，受持、讀誦、究竟通利，及廣為他宣說開示，如理作意。若遭輕毀，極遭輕毀。所以者何？善現，是諸有情，宿生所造諸不淨業，應感惡趣。以現法中遭輕毀故，宿生所造諸不淨業，皆悉消盡。當得無上正等菩提。何以故？善現，我憶過去，於無數劫，復過無數，於然燈如來應正等覺，先復過先，曾值八十四俱胝那庾多百千諸佛，我皆承事。既承事已，皆無違犯。善現，我於如是諸佛世尊，皆得承事。既承事已，皆無違犯。若諸有情後時後分，後五百歲，正法將滅時分轉時，於此經典，受持、讀誦、究竟通利，及廣為他宣說開示，如理作意。善現，我先福聚，於此福聚，百分計之所不能及。如是千分，若百千分，若俱胝百千分，若俱胝那庾多百千分，若數分，若計分，若算分，若喻分，若鄔波尼殺曇分，亦不能及。善現，我若具說，當於爾時，是善男子或善女人所生福聚，乃至是善男子是善女人所攝福聚，有諸有情，則便迷悶，心或狂亂。是故善現，如來宣說如是法門，不可思議，不可稱量。應當希冀不可思議所感異熟。」

爾時，具壽善現復白佛言：「世尊，諸有發趣菩薩乘者，應云何住？云何修行？云何攝伏其心？」

佛告善現：「諸有發趣菩薩乘者，應當發起如是之心：我當皆令一切有情，於無餘依妙涅槃界而般涅槃。雖度如是一切有情，令滅度已，而無有情得滅度者。何以故？善現，若諸菩薩摩訶薩有情想轉，不應說名菩薩摩訶薩。所以者何？若諸菩薩摩訶薩不應說言有情想轉。如是命者想、士夫想、補特伽羅想、意生想、摩納婆想、作者想、受者想轉，當知亦爾。何以故？善現，無有少法名為發趣菩薩乘者。」

佛告善現：「於汝意云何？如來昔於然燈如來應正等覺所，頗有少法能證阿耨多羅三藐三菩提不？」

作是語已，具壽善現白佛言：「世尊，如我解佛所說義者，如來昔於然燈如來應正等覺所，無有少法能證阿耨多羅三藐三菩提。」

說是語已，佛告具壽善現言：「如是，如是。善現，如來昔於然燈如來應正等覺所，無有少法能證阿耨多羅三藐三菩提。何以故？善現，如來昔於然燈如來應正等覺所，若有少法能證阿耨多羅三藐三菩提者，然燈如來應正等覺，不應授我記言：汝摩納婆於當來世，名釋迦牟尼如來應正等覺。善現，以如來無有少法能證阿耨多羅三藐三菩提，是故，然燈如來應正等覺，授我記言：汝摩納婆於當來世，名釋迦牟尼如來應正等覺。所以者何？善現，言如來者，即是真實真如增語；言如來者，即是無生法性增語；言如來者，即是永斷道路增語；言如來者，即是畢竟不生增語。何以故？善現，若實無生，即最勝義。善現，若如是說如來應正等覺，能證阿耨多羅三藐三菩提者，當知此言，為不真實。所以者何？善現，由彼謗我起不實執。何以故？善現，無有少法，如來應正等覺，能證阿耨多羅三藐三菩提。善現，如來現前等所證法，或所說法，或所思法，即於其中非諦非妄。是故，如來說一切法，皆是佛法。善現，一切法一切法者，如來說非一切法，是故如來說名一切法一切法。」

佛告善現：「譬如士夫具身大身。」

具壽善現即白佛言：「世尊，如來所說士夫具身大身，如來說為非身，是故說名具身大身。」

佛言：「善現，如是，如是。若諸菩薩作如是言：我當滅度無量有情，是則不應說名菩薩。何以故？善現，頗有少法名菩薩不？」

善現答言：「不也，世尊。無有少法名為菩薩。」

佛告善現：「有情有情者，如來說非有情，故名有情。是故，如來說一切法無有有情，無有命者，無有士夫，無有補特伽羅等。

善現，若諸菩薩，作如是言：我當成辦佛土功德莊嚴，亦如是說，何以故？善現，佛土功德莊嚴佛土功德莊嚴者，如來說非莊嚴，是故如來說名佛土功德莊嚴佛土功德莊嚴。善現，若諸菩薩，於無我法無我法深信解者，如來應正等覺說為菩薩菩薩。」

佛告善現：「於汝意云何？如來等現有肉眼不？」

善現答言：「如是，世尊。如來等現有肉眼。」

佛言：「善現，於汝意云何？如來等現有天眼不？」

善現答言：「如是，世尊。如來等現有天眼。」

佛言：「善現，於汝意云何？如來等現有慧眼不？」

善現答言：「如是，世尊。如來等現有慧眼。」

佛言：「善現，於汝意云何？如來等現有法眼不？」

善現答言：「如是，世尊。如來等現有法眼。」

佛言：「善現，於汝意云何？如來等現有佛眼不？」

善現答言：「如是，世尊。如來等現有佛眼。」

佛告善現：「於汝意云何？乃至殑伽河中所有諸沙，如來說是沙不？」

善現答言：「如是，世尊。如是，善逝。如來說是沙。」

佛言：「善現，於汝意云何？乃至殑伽河中所有沙數，假使有如是等殑伽河，乃至是諸殑伽河中所有沙數；假使有如是等世界，是諸世界寧為多不？」

善現答言：「如是，世尊。如是，善逝。是諸世界其數甚多。」

佛言：「善現，乃至爾所諸世界中所有有情，彼諸有情，各有種種其心流注，我悉能知。何以故？善現，心流注心流注者，如來說非流注，是故如來說名心流注心流注。所以者何？善現，過去心不可得，未來心不可得，現在心不可得。」

佛告善現：「於汝意云何？若善男子或善女人，以此三千大千世界盛滿七寶，奉施如來應正等覺。是善男子或善女人，由是因緣所生福聚，寧為多不？」

善現答言：「甚多，世尊。甚多，善逝。」

佛言：「善現，如是，如是。彼善男子或善女人，由此因緣所生福聚，其量甚多。何以故？善現，若有福聚，如來不說福聚福聚。」

佛告善現：「於汝意云何？可以色身圓實觀如來不？」

善現答言：「不也，世尊。不可以色身圓實觀於如來。何以故？

世尊，色身圓實色身圓實者，如來說非圓實，是故如來說名色身圓實色身圓實。」

佛告善現：「於汝意云何？可以諸相具足觀如來不？」

善現答言：「不也，世尊。不可以諸相具足觀於如來。何以故？世尊，諸相具足諸相具足者，如來說為非相具足，是故如來說名諸相具足諸相具足。」

佛告善現：「於汝意云何？如來頗作是念：我當有所說法耶？善現，汝今勿當作如是觀。何以故？善現，若言如來有所說法，即為謗我，為非善取。何以故？善現，說法說法者，無法可說，是名說法。」

爾時，具壽善現白佛言：「世尊，於當來世後時後分，後五百歲，正法將滅時分轉時，頗有有情聞說如是色類法已，能深信不？」

佛言：「善現，彼非有情，非不有情。何以故？善現，一切有情者，如來說非有情，故名一切有情。」

佛告善現：「於汝意云何？頗有少法，如來應正等覺現證無上正等菩提耶？」

具壽善現白佛言：「世尊，如我解佛所說義者，無有少法如來應正等覺現證無上正等菩提。」

佛言：「善現，如是，如是。於中少法無有無得，故名無上正等菩提。

「復次，善現，是法平等，於其中間無不平等，故名無上正等菩提。以無我性，無有情性，無命者性，無士夫性，無補特伽羅等性，平等，故名無上正等菩提。一切善法，無不現證。一切善法，無不妙覺。善現，善法善法者，如來一切說為非法，是故如來說名善法善法。

「復次，善現。若善男子或善女人，集七寶聚量等三千大千世界，其中所有妙高山王，持用布施。若善男子或善女人，於此《般若波羅蜜多經》中，乃至四句伽他，受持、讀誦、究竟通利，及廣為他宣說開示，如理作意。善現，前說福聚，於此福聚，百分計之，所不能及。如是千分，若百千分，若俱胝百千分，若俱胝那庾多百千分，若數分，若計分，若算分，若喻分，若鄔波尼殺曇分，亦不能及。」

佛告善現：「於汝意云何？如來頗作是念：我當度脫諸有情

耶？善現，汝今勿當作如是觀。何以故？善現，無少有情，如來度者。善現，若有有情，如來度者，如來即應有其我執，有有情執，有命者執，有士夫執，有補特伽羅等執。善現，我等執者，如來說為非執，故名我等執。而諸愚夫異生強有此執。善現，愚夫異生者，如來說為非生，故名愚夫異生。」

佛告善現：「於汝意云何？可以諸相具足觀如來不？」

善現答言：「如我解佛所說義者，不應以諸相具足觀於如來。」

佛言：「善現，善哉！善哉！如是！如是！如汝所說，不應以諸相具足觀於如來。善現，若以諸相具足觀如來者，轉輪聖王應是如來。是故，不應以諸相具足觀於如來。如是應以諸相非相觀於如來。」爾時世尊而說頌曰：

諸以色觀我，以音聲尋我，彼生履邪斷，不能當見我。應觀佛法性，即導師法身，法性非所識，故彼不能了。

佛告善現：「於汝意云何？如來應正等覺，以諸相具足現證無上正等覺耶？善現，汝今勿當作如是觀。何以故？善現，如來應正等覺，不以諸相具足現證無上正等菩提。

「復次，善現。如是發趣菩薩乘者，頗施設少法若壞若斷耶？善現，汝今勿當作如是觀。諸有發趣菩薩乘者，終不施設少法若壞若斷。」

「復次，善現。若善男子或善女人，以殑伽河沙等世界，盛滿七寶，奉施如來應正等覺。若有菩薩，於諸無我無生法中，獲得堪忍，由是因緣，所生福聚，甚多於彼。

「復次，善現。菩薩不應攝受福聚。」

具壽善現即白佛言：「世尊，云何菩薩不應攝受福聚？」

佛言：「善現，所應攝受，不應攝受，是故，說名所應攝受。

「復次，善現。若有說言：如來，若去，若來，若住，若坐，若臥。是人不解我所說義。何以故？善現，言如來者，即是真實真如增語。都無所去，無所從來，故名如來應正等覺。

「復次，善現。若善男子或善女人，乃至三千大千世界大地極微塵量等世界，即以如是無數世界色像為墨，如極微聚。善現，於汝意云何？是極微聚，寧為多不？」

善現答言：「是極微聚甚多，世尊。甚多，善逝。何以故？世尊，若極微聚，是實有者，佛不應說為極微聚。所以者何？如來說極微聚，即為非聚，故名極微聚。如來說三千大千世界，即非世界，故名三千大千世界。何以故？世尊，若世界是實有者，即為一合執。如來說一合執，即為非執，故名一合執。」

佛言：「善現，此一合執，不可言說，不可戲論。然彼一切愚夫異生，強執是法。何以故？善現，若作是言：如來宣說我見、有情見、命者見、士夫見、補特伽羅見、意生見、摩納婆見、作者見、受者見，於汝意云何？如是所說，為正語不？」

善現答言：「不也，世尊。不也，善逝。如是所說，非為正語。所以者何？如來所說我見、有情見、命者見、士夫見、補特伽羅見、意生見、摩納婆見、作者見、受者見，即為非見，故名我見，乃至受者見。」

佛告善現：「諸有發趣菩薩乘者，於一切法，應如是知，應如是見，應如是信解。如不住法想。何以故？善現，法想法想者，如來說為非想，是故如來說名法想法想。

「復次，善現。若菩薩摩訶薩，以無量無數世界，盛滿七寶，奉施如來應正等覺。若善男子或善女人，於此《般若波羅蜜多經》中，乃至四句伽他，受持、讀誦、究竟通利，如理作意，及廣為他宣說開示。由此因緣，所生福聚，甚多於前，無量無數。云何為他宣說開示？如不為他宣說開示，故名為他宣說開示。」

爾時，世尊而說頌曰：

諸和合所為，如星翳燈幻，
露泡夢電云，應作如是觀。

時，薄伽梵說是經已。尊者善現，及諸苾芻、苾芻尼、鄔波索迦、鄔波斯迦，并諸世間天、人、阿素洛、健達縛等，聞薄伽梵所說經已，皆大歡喜，信受奉行。

三、《般若波羅蜜多心經》鳩摩羅什譯本標點

觀世音菩薩，行深般若波羅蜜多時，照見五陰空，度一切苦厄。

舍利弗，色空故，無惱壞相。受空故，無受相。想空故，無知相。行空故，無作相。識空故，無覺相。何以故？舍利弗，非色異空，非空異色，色即是空，空即是色。受、想、行、識，亦如是。舍利弗，是諸法空相，不生不滅，不垢不淨，不增不減。是空法，非過

去，非未來，非現在。是故，空中無色，無受、想、行、識，無眼、耳、鼻、舌、身、意，無色、聲、香、味、觸、法，無眼界，乃至無意識界；無無明，亦無無明盡，乃至無老死，亦無老死盡；無苦、集、滅、道，無智亦無得。以無所得故，菩薩依般若波羅蜜故，心無罣礙。無罣礙故，無有恐怖。遠離顛倒夢想苦惱，究竟涅槃。三世諸佛，依般若波羅蜜故，得阿耨多羅三藐三菩提。故知般若波羅蜜，是大明咒，無上明咒，無等等咒，能除一切苦，真實不虛。故說般若波羅蜜咒，即說咒曰：

竭帝，竭帝，波羅竭帝，波羅僧竭帝，菩提薩婆訶！

古籍今注新譯叢書

哲學類

新譯四書讀本　謝冰瑩等編譯
新譯學庸讀本　王澤應注譯
新譯論語新編解義　胡楚生編著
新譯孝經讀本　賴炎元等注譯
新譯易經讀本　郭建勳注譯
新譯周易六十四卦經傳通釋　黃慶萱注譯
新譯乾坤經傳通釋　黃慶萱注譯
新譯易經繫辭傳解義　吳　怡著
新譯禮記讀本　姜義華注譯
新譯儀禮讀本　顧寶田等注譯
新譯孔子家語　羊春秋注譯
新譯老子讀本　余培林注譯
新譯帛書老子　趙　鋒注譯
新譯老子解義　吳　怡著
新譯莊子讀本　黃錦鋐注譯
新譯莊子讀本　張松輝注譯
新譯莊子本義　水渭松注譯
新譯莊子內篇解義　吳　怡著
新譯列子讀本　莊萬壽注譯
新譯管子讀本　湯孝純注譯
新譯墨子讀本　李生龍注譯
新譯公孫龍子　丁成泉注譯
新譯晏子春秋　陶梅生注譯
新譯鄧析子　徐忠良注譯
新譯荀子讀本　王忠林注譯
新譯尹文子　徐忠良注譯
新譯尸子讀本　水渭松注譯
新譯鶡冠子　趙鵬團注譯
新譯鬼谷子　王德華等注譯
新譯韓非子　傅武光等注譯
新譯呂氏春秋　朱永嘉等注譯
新譯韓詩外傳　孫立堯注譯
新譯淮南子　熊禮匯注譯
新譯春秋繁露　朱永嘉等注譯
新譯新書讀本　饒東原注譯
新譯新語讀本　王　毅注譯
新譯潛夫論　彭丙成注譯
新譯論衡讀本　蔡鎮楚注譯
新譯申鑒讀本　林家驪等注譯
新譯人物志　吳家駒注譯
新譯張載文選　張金泉注譯
新譯近思錄　張京華注譯
新譯傳習錄　李生龍注譯
新譯呻吟語摘　鄧子勉注譯
新譯明夷待訪錄　李廣柏注譯

文學類

新譯詩經讀本　滕志賢注譯
新譯楚辭讀本　林家驪注譯
新譯楚辭讀本　傅錫壬注譯
新譯文心雕龍　羅立乾注譯
新譯六朝文絜　蔣遠橋注譯
新譯世說新語　劉正浩等注譯
新譯昭明文選　周啟成等注譯
新譯古文觀止　謝冰瑩等注譯
新譯古文辭類纂　黃　鈞等注譯
新譯樂府詩選　溫洪隆注譯
新譯古詩源　馮保善注譯
新譯千家詩　邱燮友等注譯
新譯詩品讀本　成　林等注譯
新譯花間集　朱恒夫注譯
新譯南唐詞　劉慶雲注譯
新譯絕妙好詞　聶安福注譯
新譯唐詩三百首　邱燮友注譯
新譯宋詩三百首　陶文鵬注譯
新譯宋詞三百首　汪　中注譯
新譯宋詞三百首　劉慶雲注譯
新譯元曲三百首　賴橋本等注譯
新譯明詩三百首　趙伯陶注譯
新譯清詩三百首　王英志注譯
新譯清詞三百首　陳水雲等注譯
新譯唐人絕句選　卞孝萱等注譯
新譯唐才子傳　戴揚本注譯
新譯拾遺記　石　磊注譯
新譯搜神記　黃　鈞注譯
新譯唐傳奇選　束　忱等注譯
新譯宋傳奇小說選　束　忱注譯
新譯明傳奇小說選　陳美林等注譯

新譯容齋隨筆選　朱永嘉等注譯
新譯明散文選　周明初注譯
新譯明清小品文選　鄭　婷注譯
新譯人間詞話　馬自毅注譯
新譯白香詞譜　劉慶雲注譯
新譯幽夢影　馮保善注譯
新譯菜根譚　吳家駒注譯
新譯小窗幽記　馬美信注譯
新譯圍爐夜話　馬美信注譯
新譯郁離子　吳家駒注譯
新譯歷代寓言選　黃瑞雲注譯
新譯賈長沙集　林家驪注譯
新譯揚子雲集　葉幼明注譯
新譯曹子建集　曹海東注譯
新譯建安七子詩文集　韓格平注譯
新譯阮籍詩文集　林家驪注譯
新譯嵇中散集　崔富章注譯
新譯陸機詩文集　王德華注譯
新譯陶淵明集　溫洪隆注譯
新譯江淹集　羅立乾等注譯
新譯庾信詩文選　歸　青注譯
新譯初唐四傑詩集　李福標注譯
新譯駱賓王文集　黃清泉注譯
新譯王維詩文集　陳鐵民注譯
新譯孟浩然詩集　楊　軍注譯
新譯李白詩全集　郁賢皓注譯
新譯李白文集　郁賢皓注譯
新譯杜甫詩選　張忠綱等注譯

新譯杜詩菁華　林繼中注譯
新譯高適岑參詩選　孫欽善等注譯
新譯昌黎先生文集　周啟成等注譯
新譯劉禹錫詩文選　閻　琦注譯
新譯柳宗元文選　卞孝萱等注譯
新譯白居易詩文選　陶　敏等注譯
新譯元稹詩文選　郭自虎注譯
新譯李賀詩集　彭國忠注譯
新譯杜牧詩文集　張松輝注譯
新譯李商隱詩選　朱恒夫等注譯
新譯范文正公選集　王興華等注譯
新譯蘇洵文選　羅立剛注譯
新譯蘇軾文選　滕志賢注譯
新譯蘇軾詞選　鄧子勉注譯
新譯蘇轍文選　朱　剛注譯
新譯曾鞏文選　高克勤注譯
新譯王安石文選　沈松勤注譯
新譯唐宋八大家文選　鄧子勉注譯
新譯柳永詞集　侯孝瓊注譯
新譯李清照集　姜漢椿等注譯
新譯陸游詩文選　韓立平注譯
新譯辛棄疾詞選　聶安福注譯
新譯歸有光文選　鄔國平注譯
新譯唐順之詩文選　馬美信注譯
新譯徐渭詩文選　周　群等注譯
新譯薑齋文集　平慧善注譯
新譯顧亭林文集　劉九洲注譯
新譯納蘭性德詞　馮　乾注譯

新譯方苞文選　鄔國平等注譯
新譯鄭板橋集　朱崇才注譯
新譯袁枚詩文選　王英志注譯
新譯李慈銘詩文選　潘靜如注譯
新譯聊齋誌異選　任篤行等注譯
新譯閱微草堂筆記　嚴文儒注譯
新譯浮生六記　馬美信注譯
新譯弘一大師詩詞全編　徐正綸編著

歷史類

新譯史記　韓兆琦注譯
新譯漢書　吳榮曾等注譯
新譯後漢書　魏連科等注譯
新譯三國志　吳樹平等注譯
新譯資治通鑑　張大可等注譯
新譯史記—名篇精選　韓兆琦注譯
新譯尚書讀本　吳　璵注譯
新譯尚書讀本　郭建勳注譯
新譯周禮讀本　賀友齡注譯
新譯逸周書　牛鴻恩注譯
新譯左傳讀本　郁賢皓等注譯
新譯公羊傳　雪　克注譯
新譯穀梁傳　顧寶田注譯
新譯春秋穀梁傳　周　何注譯
新譯戰國策　溫洪隆注譯
新譯國語讀本　易中天注譯
新譯說苑讀本　左松超注譯
新譯說苑讀本　羅少卿注譯

新譯新序讀本　葉幼明注譯
新譯吳越春秋　黃仁生注譯
新譯西京雜記　曹海東注譯
新譯列女傳　黃清泉注譯
新譯越絕書　劉建國注譯
新譯燕丹子　曹海東注譯
新譯東萊博議　李振興等注譯
新譯唐六典　朱永嘉等注譯
新譯唐摭言　姜漢椿注譯

宗教類

新譯金剛經　徐興無注譯
新譯高僧傳　朱恒夫等注譯
新譯碧巖集　吳　平注譯
新譯百喻經　顧寶田注譯
新譯楞嚴經　賴永海等注譯
新譯梵網經　王建光注譯
新譯圓覺經　商海鋒注譯
新譯法句經　劉學軍注譯
新譯六祖壇經　李中華注譯
新譯禪林寶訓　李中華注譯
新譯維摩詰經　陳引馳等注譯
新譯經律異相　顏洽茂注譯
新譯阿彌陀經　蘇樹華注譯
新譯無量壽經　邱高興注譯
新譯無量壽經　蘇樹華注譯
新譯妙法蓮華經　張松輝注譯
新譯景德傳燈錄　顧宏義注譯
新譯大乘起信論　韓廷傑注譯
新譯釋禪波羅蜜　蘇樹華注譯
新譯八識規矩頌　倪梁康注譯
新譯永嘉大師證道歌　蔣九愚注譯
新譯華嚴經入法界品　楊維中注譯
新譯地藏菩薩本願經　李承貴注譯
新譯悟真篇　劉國樑等注譯
新譯无能子　張松輝注譯
新譯坐忘論　張松輝注譯
新譯列仙傳　張金嶺注譯
新譯抱朴子　李中華注譯
新譯神仙傳　周啟成注譯
新譯性命圭旨　傅鳳英注譯
新譯老子想爾注　顧寶田等注譯
新譯周易參同契　劉國樑注譯
新譯道門觀心經　王　卡注譯
新譯養性延命錄　曾召南注譯
新譯樂育堂語錄　戈國龍注譯
新譯沖虛至德真經　張松輝注譯
新譯長春真人西遊記　顧寶田等注譯
新譯黃庭經・陰符經　劉連朋等注譯

軍事類

新譯司馬法　王雲路注譯
新譯尉繚子　張金泉注譯
新譯三略讀本　傅　傑注譯
新譯六韜讀本　鄔錫非注譯
新譯吳子讀本　王雲路注譯
新譯孫子讀本　吳仁傑注譯
新譯李衛公問對　鄔錫非注譯

教育類

新譯爾雅讀本　陳建初等注譯
新譯顏氏家訓　李振興等注譯
新譯聰訓齋語　馮保善注譯
新譯曾文正公家書　湯孝純注譯
新譯三字經　黃沛榮注譯
新譯百家姓　馬自毅等注譯
新譯幼學瓊林　馬自毅注譯
新譯增廣賢文・千字文　馬自毅注譯
新譯格言聯璧　馬自毅注譯

政事類

新譯商君書　貝遠辰注譯
新譯鹽鐵論　盧烈紅注譯
新譯貞觀政要　許道勳注譯

地志類

新譯山海經　楊錫彭注譯
新譯水經注　陳橋驛等注譯
新譯佛國記　楊維中注譯
新譯大唐西域記　陳　飛等注譯
新譯洛陽伽藍記　劉九洲注譯
新譯徐霞客遊記　黃　珅注譯
新譯東京夢華錄　嚴文儒注譯

◎新譯大乘起信論

韓廷傑／注譯　潘栢世／校閱

《大乘起信論》是一部對佛教思想在中國發展有深鉅影響的論典，所論「一心開二門」詳細說明了凡、聖不同的因由；從「不覺」到「覺」，更明確點出了落實在修行活動中的「始覺」觀念，是心迷為凡、覺悟成聖的圓滿理論展示。透過本書精要的導讀與注譯，為世人親近佛教原典、進探佛法義海，提供了一方便之路。